Impressum
Praxishandbuch Online-Fundraising

Herausgeber
Björn Lampe, Kathleen Ziemann, Dr. Angela Ullrich

Redaktion
Kathleen Ziemann, Dennis Buchmann

Umschlaggestaltung
Philipp Herbold

Umschlagabbildung
Daniel Stolle

Korrektorat
Kirsten Mieves

Satz
Philipp Herbold

Bibliografische Information der Deutschen Nationalbibliothek
Die Deutsche Nationalbibliothek verzeichnet diese Publikation in der Deutschen
Nationalbibliografie; detaillierte bibliografische Daten sind im Internet über
http://dnb.d-nb.de abrufbar.

1. Auflage: transcript Verlag, Bielefeld 2015

Weitere Informationen und Download des Bandes:
www.transcript-verlag.de/praxishandbuch-online-fundraising

Besuchen Sie uns im Internet: http://www.transcript-verlag.de
Diese Publikation wurde ermöglicht durch die freundliche Unterstützung von SAP.

Printed in Germany
Print-ISBN 978-3-8376-3310-8
E-Book-ISBN (PDF) 978-3-8394-3310-2
E-Book-ISBN (EPUB) 978-3-7328-3310-8

# Vorwort

## Geballtes Online-Fundraising-Wissen erstmals in einem Buch vereint

Wir schreiben das Jahr 2007. Filme werden noch im Kino geschaut, Urlaube im Reisebüro gebucht und das Taxi einfach auf der Straße herangewunken. Doch das Jahr 2007 ist ein Wendepunkt in der digitalen Entwicklung. Im Juni präsentiert Apple die erste Version des iPhone und leitet damit die nächste Phase der Internet-Revolution ein. Im gleichen Jahr startet in Deutschland die Online-Spendenplattform betterplace.org. Die Gründer erwarten, dass das Internet auch den Spendenmarkt massiv verändern wird: weg von Postmailings hin zu Onlinespenden und der Möglichkeit, weltweit Hilfsprojekte zu unterstützen.

Im Jahr 2015 werden Filme nun vermehrt über Streamingdienste und auf dem Beamer, Tablet oder Smartphone geschaut, Urlaube bei AirBnB gebucht und das Taxi per App bestellt. Auch Spenden werden langsam, aber sicher zunehmend online abgewickelt: Das Onlinespendenvolumen in Deutschland liegt bei etwa fünf Prozent (mehr auf Seite 13) und wächst. Auf betterplace.org wurden inzwischen über 25 Millionen Euro online gespendet, Kampagnen wie die Ice Bucket Challenge sorgen weltweit für weitere Millionen, die über das Netz kommen. Damit wächst auch der Bedarf bei Hunderttausenden sozialen Organisationen und Initiativen – die wir hier als NPO (Non Profit Organisation) bezeichnen – mehr über das Thema Online-Fundraising zu erfahren. Wie kann ich das Internet zum Spendensammeln nutzen? Wie binde ich meine Unterstützer auch virtuell an mich? Wie vermeide ich durch den Einsatz von Facebook & Co. teure Postmailings? → *kosten sparen*

Dutzende dieser Fragen erreichen die Mitarbeiter von betterplace.org jeden Tag. Daher haben wir uns entschieden, das erste Online-Fundraising-Handbuch herauszugeben, um unser Wissen für alle verfügbar zu machen. Wir duzen dich in diesem Buch übrigens, denn wir möchten dir unser Wissen direkt und persönlich vermitteln. Wir, das sind viele Mitarbeiter von betterplace.org, aber auch zahllose Experten aus NPOs, Internet-Firmen und Agenturen. Gemeinsam geben wir unser geballtes Wissen aus Tausenden (Spenden-)Kampagnen, Social Media Posts und Newslettern an dich weiter. Deshalb ist dies keine betterplace.org-Werbebroschüre, sondern die Sammlung unserer Erfahrungen aus der ganzen

Bandbreite des Online-Fundraisings – unabhängig von genutzten Plattformen, Dienstleistern und Technologie.

Damit dieses Buch für dich den größtmöglichen Mehrwert bietet – egal, ob du gerade mit dem Online-Fundraising beginnst oder schon erste Erfahrungen gemacht hast – führen wir dich anhand des Spenderloyalitätszyklus hindurch (mehr auf Seite 9). Das bedeutet, dass du der idealtypischen Reise eines Spenders folgst: vom ersten Kontakt zu deiner NPO über das Abonnieren des Newsletters hin zur ersten Spende. Am Ende des Buches findest du eine passende Checkliste, mit der du die konkreten Schritte nachverfolgen und „abarbeiten" kannst – dein Weg zu einem erfolgreichen Online-Fundraiser.

Wir wünschen dir auf dieser Reise viel Erfolg und natürlich auch Spaß beim Lesen. Solltest du etwas nicht verstehen, deine Erfahrungen ganz andere sein oder du uns ganz generell Feedback zum Buch geben wollen, so freuen wir uns sehr darüber.

Schreib uns einfach eine Mail an → handbuch@betterplace.org.

Wir danken dir für dein Interesse an diesem Buch, unseren Autoren für ihre Artikel, unseren Interviewpartnern und der Firma SAP für ihre tolle Unterstützung. Großer Dank gilt auch dem Verlag transcript, der unsere Buchidee von Anfang an spannend fand und uns unterstützt hat.

*Björn Lampe, Kathleen Ziemann & Dr. Angela Ullrich*

Noch ein paar Lesehinweise zum Schluss:
Wir sammeln alle Anmerkungen als Endnoten am Schluss des Buches.

Und wir erwähnen hier ganz zufällig mal das eine, mal das andere Geschlecht, ganz so wie im echten Leben und ohne angehängte Geschlechtsendungen.

*PS: Eine kostenlose Online-Version dieses Buches findest du unter:*
→ www.fundraisinghandbuch.org

# BASISWISSEN
## VOM SPENDENMARKT BIS ZUR GUTEN WEBSITE – DIE WICHTIGSTEN GRUNDLAGEN FÜRS ONLINE-FUNDRAISING

Eine gute Vorbereitung ist auch beim Spendensammeln Grundlage des Erfolgs. Deshalb ist es zunächst wichtig, den Spenderloyalitätszyklus und den deutschen Spendenmarkt zu verstehen. Und nur wer Formen und Werkzeuge des Online-Fundraisings kennt, kann sich für die richtigen entscheiden. Außerdem führt dieses Kapitel in die Website-Konzeption und Suchmaschinenoptimierung ein – denn deine Website ist die Grundlage für einen guten Fundraising-Start.

# 1.1 Spenderpyramide und Loyalitätszyklus

## Wie man aus Interessenten engagierte Unterstützer macht.

*Björn Lampe, betterplace.org*

*Spender zu finden und sie an die eigene Organisation zu binden, ist Beziehungs-arbeit. Und wie in jeder Beziehung zeigt sich ihr Wert erst über die Zeit. Gleiches gilt für die Arbeit mit Spendern: Der Erstspender wird nicht automatisch zu einem langfristigen Unterstützer. Auch ein Dauerspender benötigt kontinuierliche Betreuung, will man ihn nicht wieder verlieren (siehe Seite 133).*

Diese Grundsätze gelten auch online: So schnell man eine Spenderin gewinnen kann, so schnell entscheidet sie sich bei der nächsten Spende für eine andere Organisation. Gerade junge Spender binden sich nicht so fest an eine bestimmte Organisation, sondern wechseln häufig das Spendenziel. Doch diese wechselwilligen Spender können durch gezielte Kommunikation gebunden werden. Wie dies online gelingt, wird in den folgenden Kapiteln beschrieben.

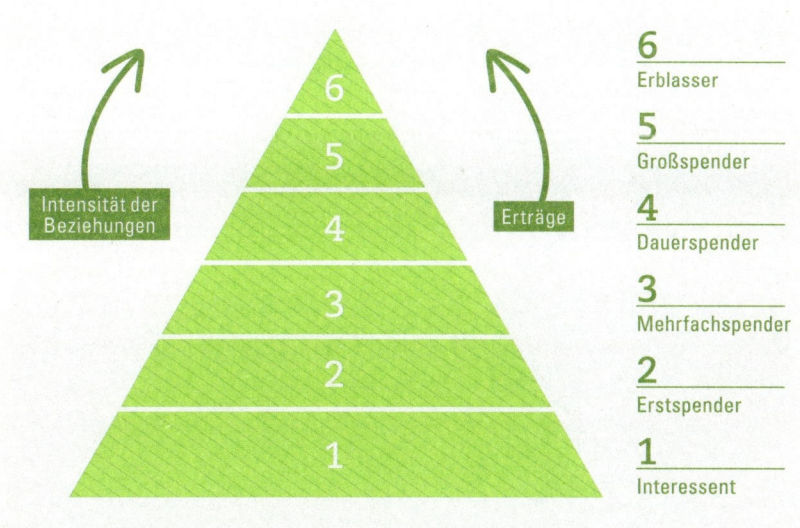

Abbildung 1: Die Spenderpyramide zeigt die verschiedenen Spender-Typen. Sie stellt die idealtypische Spenderbasis für eine Organisation dar.

Die in der Fundraising-Theorie häufig verwendete Spenderpyramide stellt den idealtypischen Aufbau der Spenderbasis einer Organisation dar. Sie reicht vom Interessenten bis hin zum Stifter oder Erblasser. Die Frage ist: Wie baue ich Spender für meine Organisation auf?

Damit ein potenzieller Spender den ersten Schritt auf die Spenderpyramide macht, muss eine Organisation auf ihre Arbeit aufmerksam machen: Öffentlichkeitsarbeit und Marketing sind hier die notwendigen Maßnahmen (Kapitel 2.0 und 3.0). Je kleiner die Organisation und je spezifischer ihr Themengebiet, desto höher ist der Aufwand, potenzielle Interessenten zu identifizieren und zu erreichen.

Hat ein Interessent eine erste Spende getätigt (und wird dadurch zum Erstspender), beginnt die wichtige Aufgabe des beziehungsorientierten Fundraisings, auch Relationship-Fundraising[1] genannt. Der Erstspender kann sich zum Mehrfachspender entwickeln, dann zum Dauerspender, zum Großspender und ggf. zum Erblasser. Das Modell wird als Pyramide dargestellt, da sich an der Spitze die wenigsten Personen befinden,[2] gleichzeitig aber die durchschnittliche Spendenhöhe mit jeder Stufe steigt. Als Faustregel gilt, dass 80 Prozent der Spender rund 20 Prozent des Spendenvolumens beitragen, während 20 Prozent der Spender 80 Prozent des Volumens spenden.[3]

In diesem Buch konzentrieren wir uns auf die unteren vier Stufen der Spenderpyramide, da Groß- und Erbschaftsspenden bisher kaum über das Internet ausgelöst werden. Um die Schritte vom Interessenten zum Dauerspender zu erläutern, führen wir das erweiterte Modell des Spenderloyalitätszyklus ein. Er basiert auf dem „Donor Loyalty Cycle" der Domain Group, einer internationalen Marketing- und Kommunikationsagentur, die vor allem NPOs als Kunden hat.[4]

**Schritt 1: Bewusstsein fürs Problem schaffen**

Auch der Spenderloyalitätszyklus beginnt mit der Herausforderung, Menschen zu finden, die sich für das Problem, welches eine Organisation lösen will, interessieren. Der klassische Weg ist, Werbung zu machen. Es ist aber auch wichtig, von Interessenten leicht gefunden zu werden. Wenn potenzielle Spender zum Beispiel nach „Spenden Kinder Berlin" suchen, sollte eine Organisation, die in diesem Themenfeld arbeitet, möglichst weit oben in den Suchergebnissen landen (siehe SEO in Kapitel 1.0, Seite 39 und (kostenlose) Anzeigen im Internet, Seite 41).

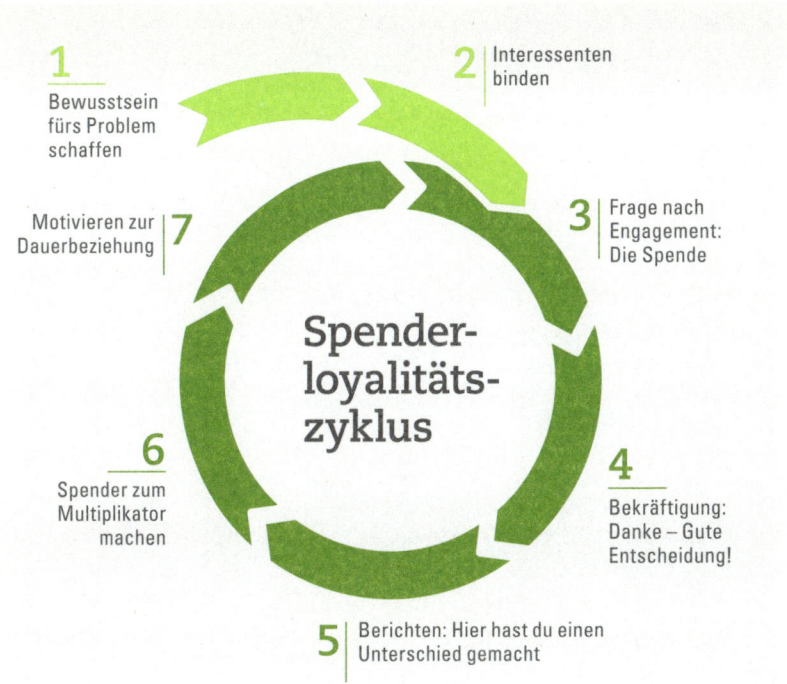

Abbildung 2: Der Spenderloyalitätszyklus stellt die verschiedenen Schritte zur Spendergewinnung und -bindung dar.

### Schritt 2: Interessenten binden

Ist ein Interessent auf der Website deiner Organisation gelandet, gilt es, ihn zu binden. Interaktionen und Call to Actions sind hier hilfreich, etwa Einladungen zum Abonnieren des Newsletters oder die Aufforderung, dir auf Facebook und Twitter zu folgen. Welche Social-Media-Kanäle wofür genutzt werden können und wie du mit deinem Newsletter auch langfristig für Interesse sorgst, zeigen wir in Kapitel 3.0 (Seite 72).

*Erst binden, dann um Spende bitten*

### Schritt 3: Frage nach Engagement: Die Spende

Wenn es dir gelungen ist, Interessenten zu binden, folgt die Frage nach mehr Engagement: also nach einer Zeit-, Sach- oder Geldspende. Online bieten sich dafür viel mehr Möglichkeiten, als in einem Spendenbrief auf Papier. So kannst du zum Beispiel auch in einem Video um eine Spende bitten. Worauf du bei deiner Spendenbitte, dem Call to Action, achten solltest, erfährst du in Kapitel 4.0 (Seite 108).

### Schritt 4: Bekräftigung. Danke – Gute Entscheidung!

Super, die erste Spende ist da! Nun heißt es, zeitnah dem Spender zu danken und ihm zu zeigen, dass er eine gute Entscheidung getroffen hat. Weil die Beziehung zum Spender auch emotional ist, solltest du beim Dankesagen einiges beachten (siehe Seite 124).

### Schritt 5: Berichten: Hier hast Du einen Unterschied gemacht

Ebenso wichtig ist, zu berichten, was mit der Spende geschieht. Der Spender sollte wissen, was du mit seinem Geld anstellst: Finanzierst du damit das Personal für Hausaufgabenhilfe oder kaufst du neue Bücher? Zeige, wie die Spende einen Unterschied gemacht und zur Lösung eines Problems beigetragen hat. Es ist wichtig, dass du den Spender auch weiterhin mitnimmst. Nutze hierfür Storytelling (siehe Seite 51).

### Schritt 6: Spender zum Multiplikator machen

Spender können für deine Organisation mehr tun, als nur zu spenden. Und richtig gefragt und eingebunden, tun sie dies auch gern. Zum Beispiel verbreiten sie ihr Engagement öffentlich in sozialen Netzwerken oder starten eigene Spendenaktionen zum Geburtstag oder für einen Marathonlauf. Wie auch du Spender für solche Aktionen gewinnen kannst, zeigen wir dir ab Seite 132 und an einem Fallbeispiel (Seite 145).

### Schritt 7: Motivieren zur Dauerbeziehung

Binde deine Spender auch langfristig. Das Potenzial zum Dauerspender haben aber nicht alle Unterstützer, und du solltest deine Ressourcen gut einteilen. Wie man mögliche Dauerspender herausfiltert und aus bestehenden Daten segmentiert, zeigen wir dir ab Seite 133.

Mit Abschluss des Zyklus' ist die Beziehung zwischen Spender und Organisation nicht zu Ende, sondern sollte weiter vertieft werden. Dafür lohnt es sich, einzelne Bestandteile (zum Beispiel das Berichten) oder sogar den kompletten Spenderloyalitätszyklus zu wiederholen. Wir wünschen jedenfalls: viel Erfolg, zahlreiche Spenden und gute Beziehungen!

# 1.2 **Der Spendenmarkt in Deutschland**

## Wer spendet wann, wo und wie viel?

*Angela Ullrich, betterplace lab*

In Deutschland gibt es mehr als 600.000 Nonprofit-Organisationen (NPO). Insgesamt zwei Drittel aller Nonprofits – also rund 400.000 Organisationen – sammeln Spenden, und nur ein Drittel finanziert sich durch öffentliche Kassen. Spenden haben also eine große Bedeutung für die Deutsche Zivilgesellschaft. Und mit der zunehmenden Digitalisierung wird auch das Online-Fundraising immer wichtiger.

Besonders kleine Organisationen sind auf Spenden angewiesen. Diese kleinen, meist vereinsförmig organisierten Nonprofits, die sich mit Mitgliedsbeiträgen, Spenden und ehrenamtlichen Mitarbeitern über Wasser halten, stellen das Gros des Nonprofit-Sektors dar. Denn nur vier Prozent aller deutschen NPOs haben jährliche Einnahmen, die eine Million Euro überschreiten; die Hälfte aller Organisationen muss sogar mit weniger als 10.000 Euro im Jahr auskommen. Geldspenden stellen für mindestens 100.000 Organisationen die hauptsächliche Einnahmequelle dar.[1]

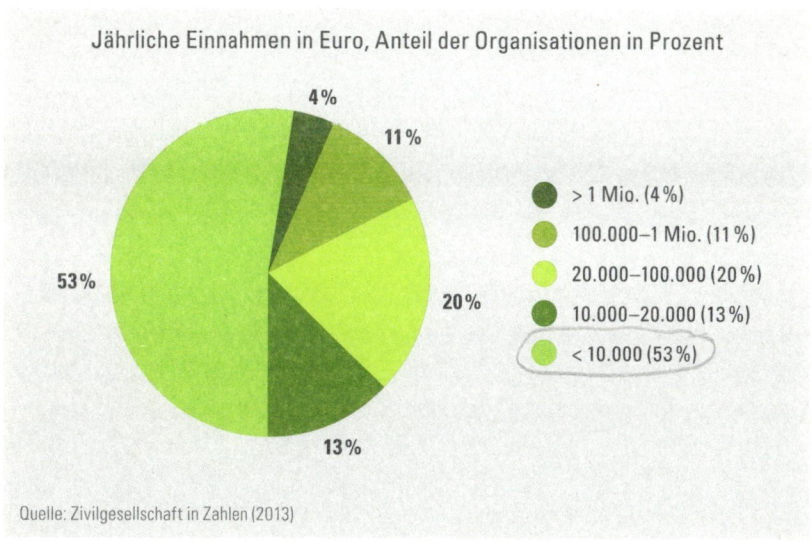

Jährliche Einnahmen in Euro, Anteil der Organisationen in Prozent

- ● > 1 Mio. (4 %)
- ● 100.000–1 Mio. (11 %)
- ● 20.000–100.000 (20 %)
- ● 10.000–20.000 (13 %)
- ● < 10.000 (53 %)

4 %
11 %
53 %
20 %
13 %

Quelle: Zivilgesellschaft in Zahlen (2013)

**Abbildung 3:** Viele kleine: Zwei Drittel der Nonprofits haben jährliche Einnahmen unter 20.000 Euro.

## Was sind NPOs?

Als Nonprofit-Organisation (NPO) bezeichnet man jene Organisationen, die einem gesellschaftlich als sinnvoll und notwendig anerkannten Auftrag folgen und dabei nicht vom Ziel der Gewinngenerierung geleitet werden. Damit sind Organisationen gemeint, die als Verein, Verband, gGmbH (gAG und gUG), Genossenschaft oder Stiftung gemeinnützig, sozial, kulturell oder wissenschaftlich arbeiten. Meist werden sie von gewählten Ehrenamtlichen geleitet und durch freiwillige Helfer in ihrer Arbeit unterstützt.

## Das Spendenvolumen wächst, der Geldspendenmarkt ist rund neun Milliarden Euro schwer

Trotz der großen Bedeutung von Spenden für die Zivilgesellschaft, gibt es in Deutschland keine offizielle Statistik für Spenden. Die Angaben zum Spendenmarktvolumen basieren meist auf Umfrageergebnissen und variieren deshalb stark. Die belastbarste Datenquelle ist die amtliche Einkommensteuerstatistik, in der auch die geltend gemachten Spenden erfasst sind.[2] Die aktuellsten Zahlen beziehen sich auf das Jahr 2010 und weisen ein Volumen von 6,6 Milliarden Euro für die Spenden an nicht politische gemeinnützige Organisationen aus.

Seit 2001 betrug die jährliche Zunahme der Spenden durchschnittlich 7,2 Prozent und verlief recht kontinuierlich und konjunkturneutral. Für das Jahr 2014 ergibt sich so ein grob geschätztes Geldspendenaufkommen von 8,7 Milliarden Euro. Dazukommen noch nicht geltend gemachte Spenden wie zum Beispiel Kollekten oder andere Barspenden und Spenden an nicht als gemeinnützig anerkannte Organisationen. Ebenfalls nicht erfasst sind die Spenden von Personen ohne Einkommensteuerpflicht.[3] Insgesamt könnte der Geldspendenmarkt also rund 9 Milliarden Euro schwer sein.

## Welche Rolle spielen Onlinespenden?

Auch zum Online-Fundraising lassen sich kaum Zahlen finden: Es gibt keine einzige valide Angabe zum Anteil der Onlinespenden an den gesamten deutschen Spenden. Aber es gibt Hinweise. Vermutet wird, dass große Nonprofit-Organisationen mit über einer Million Spendeneinnahmen derzeit etwa fünf Prozent davon online generieren. Dies bestätigen die Ergebnisse des betterplace-lab-NGO-Meters[4], das zweimal jährlich mithilfe der Angaben von 14 Nonprofits erstellt wird. Bei den teilnehmenden Or-

Spendenaufkommen (steuerlich geltend gemachte Spenden ohne politische Zwecke) in Milliarden Euro.

2001 2002 2003 2004 2005 2006 2007 2008 2009 2010 2011* 2012* 2013* 2014*

\* Prognose durch Fortschreibung einer jährlichen Wachstumsrate von 7,2 Prozent auf dem Niveau von 2010, Quelle: Statistisches Bundesamt (2015).

**Abbildung 4:** Das Spendenvolumen in Deutschland nimmt zu.

ganisationen werden durchschnittlich sechs Prozent der Spenden online getätigt. Eine Umfrage der Bitkom[5] ergab, dass zehn Prozent der Internetnutzer online spenden. Die Angaben über den Anteil der Onlinespenden schwanken je nach Anlass. Besonders bei Naturkatastrophen wird sehr oft im Netz gespendet. Große Hilfsorganisationen geben an, dass der Anteil an Onlinespenden im Katastrophenfall bei weit über 50 Prozent liegt.

**Onlinespenden sind höher als Offlinespenden**

Insgesamt ist die durchschnittliche Onlinespende deutlich höher als die durchschnittliche Offlinespende. Die durchschnittliche Onlinespende auf der Spendenplattform betterplace.org liegt bei 60 Euro, die Offline-Durchschnittsspende lag laut Gesellschaft für Konsumforschung (GfK)[6] bei nur 36 Euro. Auch die NGO-Meter-Werte liegen klar über diesem Schnitt, die Teilnehmer erzielen eine durchschnittliche Onlinespende von 115 Euro.

**Wer spendet am meisten?**

Derzeit spendet etwa jeder dritte Mensch in Deutschland, der älter als 10 Jahre ist, zumindest einmal im Jahr für einen gemeinnützigen Zweck. Die Spendenbeteiligung ist allerdings seit Jahren rückläufig und lag im Jahr 2014 nur noch bei 33 Prozent, was etwa 22,4 Millionen Spendern entspricht. Dennoch nimmt das Spendenvolumen zu. Diese Zunahme der

Spenden erklärt sich dadurch, dass die durchschnittliche Spendenhöhe weiter angestiegen ist, also weniger Menschen mehr spenden. Dabei sind die wichtigsten Spender die älteren Menschen. Rund 55 Prozent der Geldspenden werden von Personen getätigt, die über 60 Jahre alt sind, allein 37 Prozent von den über 70-Jährigen. Allerdings haben die 40- bis 59-Jährigen aufgeholt und stemmen mit einem Anteil von 36 Prozent nun einen fast ebenso großen Betrag der Spenden. Entgegen dem Gesamttrend ist die Anzahl der Spender bei den unter 40-Jährigen im Jahr 2014 leicht gestiegen.

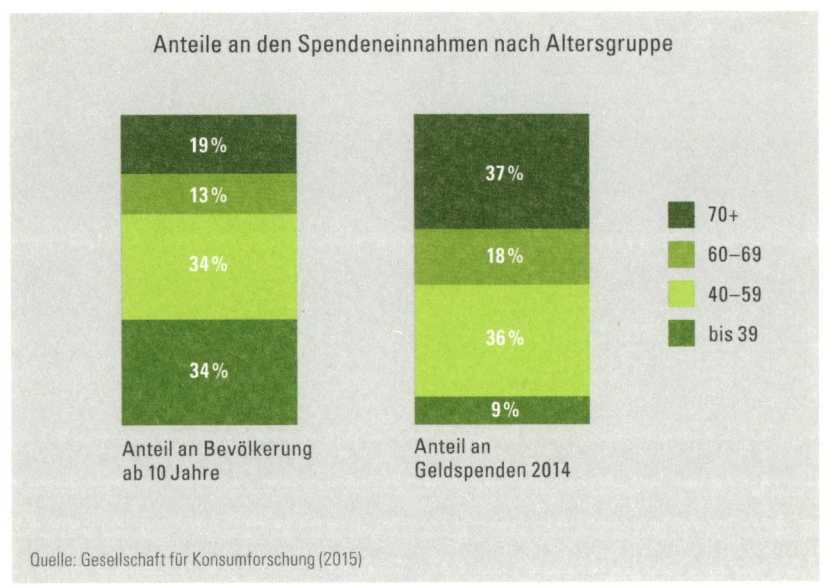

Quelle: Gesellschaft für Konsumforschung (2015)

Abbildung 5: Ältere Menschen spenden überproportional.

Insgesamt spenden etwas mehr Frauen als Männer, und die Spendenbeteiligung ist vor allem sehr hoch bei Menschen mit Hochschulabschluss oder Abitur. Wenig verwunderlich steigt die Spendenbereitschaft mit dem Einkommen. Gut ein Drittel der gesamten Geldspenden wird durch das oberste Zehntel der Einkommensklassen erbracht. Die Spendenbeteiligung liegt hier bei fast 80 Prozent; zudem werden im höchsten Einkommenssegment rund zwei Prozent der Einkünfte gespendet, was im Vergleich zu den anderen Einkommensklassen die Spitzenposition ist. Die Anzahl wohlhabender Bürger in Deutschland wächst seit Jahren und damit auch der gesamte „Spendenkuchen". Grundsätzlich gilt, so ergab eine Untersuchung des Deutschen Instituts für Wirtschaftsforschung (DIW), dass Personen, die mit ihrem Einkommen zufrieden sind und sich selbst als glücklich bezeichnen, häufiger spenden, meist, um auf diesem Weg das eigene Glück zu teilen.[7]

### Wofür und an wen wird gespendet?

Das wichtigste Spendenthema ist die humanitäre Hilfe, die mit fast 80 Prozent aller privaten Geldspenden in Deutschland unterstützt wird. Die restlichen 20 Prozent verteilen sich auf Tier-, Natur- und Umweltschutz, Kultur und Denkmalpflege und Sport. Innerhalb der humanitären Hilfe haben sich vor allem die Kinder- und Jugendhilfe sowie die Unterstützung von Krankheit und Behinderung zuletzt sehr dynamisch entwickelt. Ein weiterer wichtiger Bereich ist die Not- und Katastrophenhilfe, die besonders bei Naturkatastrophen sehr viele Spender mobilisiert.

### Kleine Organisationen sammeln mehr Spenden – vor allem von jungen Menschen

Das steigende Spendenvolumen kommt zu immer größeren Teilen kleinen Organisationen zugute; der Anteil der Spenden an die wenigen großen Nonprofit-Organisationen geht hingegen zurück. Das zeigt der Index des Deutschen Zentralinstituts für soziale Fragen (DZI), der die Entwicklung der Spendeneinahmen von 30 großen Spendensiegel-Organisationen beschreibt. Klammert man katastrophenbedingte Sondereffekte aus, ist das Spendeneinkommen der Großen in den letzten Jahren nahezu unverändert geblieben.[8] Ein Großteil der zusätzlichen Spenden geht also an die vielen tausend mittelgroßen und kleinen zivilgesellschaftlichen Organisationen. Mittlerweile fließen fast 50 Prozent der Spendengelder an kleinere Organisationen, während nur noch gut ein Drittel an die 20 ganz großen geht. Das sah vor wenigen Jahren noch anders aus. Vor allem die jüngeren Spender bevorzugen kleine, lokal arbeitende Organisationen. 72 Prozent der Spenden von Personen unter 39 Jahren fließen an diese Nonprofits, nur knapp 20 Prozent an die großen Top 20.

## Was motiviert die Spender?

Die Bedeutung der traditionellen Werbebriefe, die per Post verschickt werden, sinkt immer weiter, ebenso die der traditionellen Kirchenkollekte. Mehr als ein Drittel aller Geldspenden kommt durch Mitgliedschaften oder Dauerspenden zusammen, vor fünf Jahren waren das lediglich 20 Prozent. Spendenwerbung durch TV-Sendungen, Galaveranstaltungen oder Aufrufe in Zeitungen und im Radio motiviert etwa acht Prozent der Spender und erreicht vor allem bei Naturkatastrophen viele von ihnen. Wichtiger jedoch sind die Spendenaufrufe durch Freunde. Mittlerweile werden so rund neun Prozent der Geldspenden initiiert, das sind doppelt so viele wie im Jahr 2012 – die zunehmende Bedeutung sozialer Netzwerke trägt zur Verbreitung von privaten Spendenaufrufen bei. Dies gilt vor allem für die Spendenzwecke „Krankheit und Behandlung", wo oft ein Hilfeaufruf aus dem weiteren Bekanntenkreis zu großer Unterstützung führen kann.

### Für junge Spender spielen soziale Medien eine große Rolle

Gerade jüngere Personen (bis 39 Jahre) kommunizieren verstärkt in sozialen Netzwerken über ihre Spenden. Etwa jeder Vierte von ihnen hat dort über Spenden gelesen oder gepostet, und knapp vier Prozent haben daraufhin tatsächlich gespendet. Zu den Motiven für Onlinespenden ergab eine Umfrage des britischen Nonprofit-Softwareanbieters Blackbaud, dass sogar 27 Prozent der Befragten durch eine Initiative oder Spendenaktion im Bekanntenkreis zu ihrer Onlinespende motiviert wurden.[9] Weitere wichtige Gründe für die Onlinespende waren Kampagnen, die von 23 Prozent der Befragten unterstützt wurden, und auch Initiativen, mit denen die Onlinespender persönlich verbunden sind. Der Netzwerkgedanke spielt eine immer größere Rolle bei der Spendermotivation und bei der -kommunikation, besonders für die jüngere Generation, die zukünftig den Spendenmarkt bestimmen wird.

### Wie geht es weiter?

Die angelsächsischen Länder sind Onlinespenden-Vorreiter, hier hat das Online-Fundraising in den letzten Jahren bereits deutlich an Dynamik gewonnen. Die oben bereits erwähnte blackbaud-Umfrage ergab, dass bereits rund 15 Prozent aller Spenden in Großbritannien über das Internet getätigt werden. Diese Zahl könnte sich bald mehr als verdoppeln, denn 40 Prozent der Befragten geben an, dass online zukünftig der wichtigste Weg fürs Spenden sein wird. Besonders groß ist die Zustimmung bei jungen Menschen. Ein echter Anreiz für Nonprofit-Organisationen, ihre Online-Fundraising-Kompetenz weiter auszubauen.

Die Ergebnisse der jährlichen Altruja-Umfrage[10] zeigen, dass Online-Fundraising auch für viele Nonprofit-Organisationen im deutschsprachigen Raum immer wichtiger wird. Aktuell ist bereits für 15 Prozent der Nonprofits die Online-Akquise von Spenden einer der bedeutendsten Fundraisingkanäle. In drei Jahren soll sich die Relevanz mehr als verdoppeln, denn 34 Prozent der befragten Organisationen sehen Online-Fundraising zukünftig als einen der wichtigsten Wege ihrer Mittelbeschaffung. Knapp die Hälfte der von Altruja befragten Nonprofits ist bereits online im Fundraising aktiv. Gerade kleine Organisationen nutzen die Möglichkeit, über das Internet mit innovativen Ideen recht kostengünstig Unterstützer zu finden. Zudem können hier ganz neue Spendergruppen erreicht werden, denn vor allem jüngere Menschen und sogenannte Erstspender spenden online.

→ Das betterplace lab analysiert jährlich alle verfügbaren Zahlen zum deutschen Spendenmarkt: www.betterplace-lab.org/projekte/deutscher-spendenmarkt

# 1.3 Formen des Online-Fundraisings

## Spendenformular, Aufrunden, Painless Giving und Co.

*Björn Lampe, betterplace.org*

Online-Fundraising ist die Kommunikation über das Internet (Website, E-Mail, Social Media etc.) mit dem Ziel, Förderer und Interessenten zur Unterstützung (Geldspende) zu gewinnen. Die Spende wird dabei direkt über das Internet ausgelöst und ist damit maßnahmenbezogen messbar (mehr über das Messen von Online-Fundraising auf Seite 147). Eine Onlinespende kann über verschiedene Wege ausgelöst werden. Nach einer aktuellen Studie von Altruja werden besonders häufig Spendenformulare auf der Website der Organisation, Spendenportale und Spendenaktionen genutzt.[1] Die folgende Übersicht zeigt diese und weitere Wege des Online-Fundraisings. Entsprechende Dienstleister folgen im nächsten Kapitel (siehe Seite 25).

**Spendenformulare** sind selbst programmierte oder von einem Dienstleister zur Verfügung gestellte Formulare, über die Unterstützer direkt auf der Website der Organisation spenden können. Ins Formular sind meist verschiedene Zahlungsmethoden (z. B. Bankeinzug, PayPal oder Kreditkarte) integriert. Neben einer einmaligen Spende ist oft auch eine regelmäßige (z. B. monatliche) Dauerspende möglich.

Eine Sonderform sind Spendenformulare, die auf externen Seiten eines Anbieters liegen. Meist werden sie als Pop-up-Fenster oder über einen Link aufgerufen. Sie haben den Nachteil, dass sie das Vertrauen und die Bindung des Spenders stören.

Abbildung 6: Das Spendenformular von FundraisingBox.

Spender bevorzugen Lösungen, die direkt auf der Homepage der Organisation liegen. Das zeigen die dort durchschnittlich höheren Spenden.

**Spendenplattformen** sind Websites, auf denen Organisationen sich und ihre Arbeit meist kostenlos präsentieren und für einzelne Projekte (oder die Organisation selbst) Spenden sammeln können. Der Vorteil liegt in der

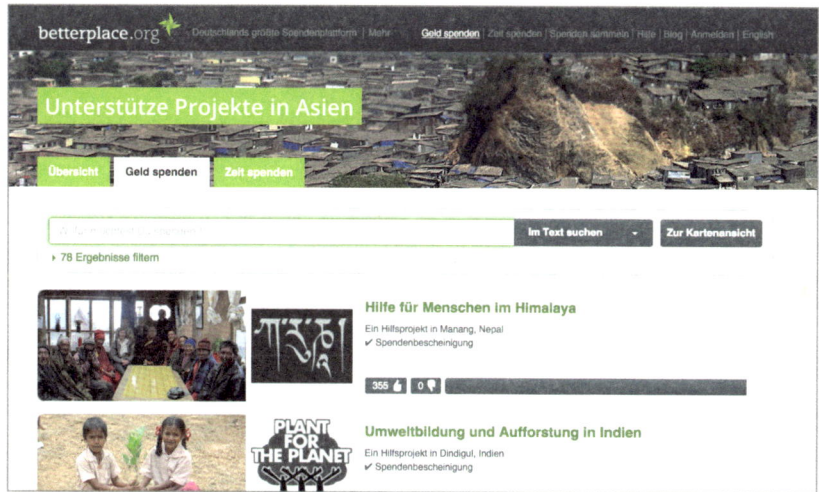

Abbildung 7: Die Regionalportalseite „Asien" von betterplace.org.

komplett ausgelagerten Infrastruktur, da keine eigene Programmierarbeit anfällt. Besonders attraktiv ist dieses Angebot auch für Organisationen, die (noch) über keine eigene Homepage verfügen. Die meisten Spendenportale ermöglichen auch schöne Visualisierungen des Spendenstands (Spendenbarometer), was motivierend auf die Unterstützer wirkt.

Im Vergleich zum Spendenformular lassen sich die Spendenmöglichkeiten eines Spendenportals meist nicht in die eigene Homepage integrieren, sondern müssen über Verlinkungen angesteuert werden. Viele Organisationen nutzen Spendenportale deshalb auch als Ergänzung zum Fundraising auf der eigenen Website, um zusätzliche Zielgruppen anzusprechen.

**Spendenaktionen** sind selbst programmierte oder von Dienstleistern bereitgestellte Module, die es Unterstützern erlauben, individuelle Spendenseiten zu einem bestimmten Anlass (z. B. Geburtstag, Marathonlauf, Trauerfall o. ä.) anzulegen. Das Fundraising liegt in der Hand des Unterstützers, der zu diesem Zweck Freunde, Verwandte und Bekannte als Spender für ein bestimmtes Hilfsprojekt motiviert.

Dieses altbekannte Konzept erfreut sich auch im Internet steigender Beliebtheit, insbesondere da Freunde aus aller Welt unkompliziert mitmachen können. Plattformen wie JustGiving in Großbritannien sind mit Spendenaktionen sehr erfolgreich. In den USA arbeiten einige Organisationen (z. B. charity: water) fast ausschließlich mit dieser Art des Online-Fundraisings.

**Spendenshops** geben der Unterstützerin die Möglichkeit, konkrete Produkte, die in Hilfsprojekten benötigt werden, zu „kaufen". So kann sie für Medikamente, Wolldecken oder größere Anschaffungen wie einen Brunnen spenden, indem sie diese virtuell kauft. Organisationen wie UNICEF oder Oxfam erzielen damit seit Jahren gute Ergebnisse.

Der Vorteil für den Spender liegt sowohl bei der Transparenz in der Spendenverwendung als auch im Spaßfaktor, da die meisten Spendenshops das Verschenken der „Einkäufe" in Form von Urkunden o. ä. ermöglichen. In der festgelegten Spendenverwendung sehen manche Organisationen auch gleichzeitig den größten Nachteil, da der freie Einsatz der Spenden meist nicht möglich ist (Zweckbindung).

**Aufrunden und spenden beim Online-Einkauf** kann man in zahlreichen Online-Shops (z. B. connox.de). Im Bezahlprozess wird dann zusätzlich zum eigentlichen Kauf eine Spende an eine ausgewählte (oder vom Käufer auszuwählende) Organisation ausgelöst – die Online-Variante der von der Supermarktkasse bekannten Spendendose. In beiden Fällen wird die Hürde zur Spende minimiert, da die Geldbörse ohnehin schon offen ist. Eine bekannte Form dieser Spendenart ist die „Kompensationsspende" für Umweltprojekte bei der Buchung von (Flug-)Reisen. Inzwischen bieten einige

Abbildung 8: Der Spenden-Shop von Oxfam Unverpackt.

## Fundraising-Formen im Überblick

| Form des Online-Fundraisings | Auf eigener Homepage integrierbar | Art der Spenden | Spenderdaten verfügbar | Zweckbindung |
|---|---|---|---|---|
| Spendenformular | ja | alle | ja | nein |
| Spendenportale | zum Teil | alle | zum Teil | nach Anbieter |
| Spendenaktionen | zum Teil | alle | nach Anbieter | nach Anbieter |
| Spendenshop | ja | alle, eher kleinere | ja | zum Teil |
| Einkaufs-Spenden | nein | Mikrospenden | nein | nein |
| Affiliate-Spenden | als Link | Mikrospenden | nein | nein |
| Painless Giving | nein | Mikrospenden | nein | nein |

Dienstleister fertige Module für gängige Online-Shopsysteme an. Doch viele Unternehmen scheuen das Online-Aufrunden, da sie den Käufer nicht vom eigentlichen Kauf ablenken wollen. Das Thema Inkasso bei Nichtbezahlung ist ebenfalls eine Herausforderung.

**Affiliate-Spenden** ist das Spenden von Provisionen, welche bei Einkäufen in Online-Shops gezahlt werden. Im Normalfall werden diese Provisionen an die Betreiber von Websites gezahlt, die auf einen Online-Shop verlinken und dort einen Kauf auslösen. Klicke ich zum Beispiel bei Spiegel Online auf einen Affiliate-Link zu Amazon.de und kaufe dort ein Produkt, so erhält Spiegel Online einen kleinen Prozentsatz (meist 3–5%) des Amazon-Einkaufs als Provision. Dieses Prozedere kann mithilfe von speziellen Dienstleistern genutzt werden, um Spenden für gemeinnützige Organisationen zu sammeln. Dazu muss der gewünschte Artikel über einen speziellen Spenden-Affiliate-Link angesteuert werden. Für den Käufer ändert sich nichts (auch der Preis erhöht sich nicht), mit jedem Einkauf löst er aber eine kleine Spende aus. Die Herausforderung für die teilnehmenden Organisationen besteht darin, die eigenen Unterstützer regelmäßig daran zu erinnern, beim Online-Shopping den Affiliate-Link bzw. -Shop zu nutzen.

**Painless Giving** bedeutet „schmerzloses Geben" und meint Spendenarten, bei denen Spenden generiert werden, ohne dass der Unterstützer direkt Geld geben muss. Beispiele sind das Affiliate-Spenden oder der Kauf eines Produktes, bei dem ein Prozentsatz des Kaufpreises als Spende abgegeben wird.

Das Spenden von Treuepunkten ist in diesem Bereich besonders erfolgreich, zum Beispiel bei PAYBACK oder der Deutschen Bahn. Die dort gesammelten Punkte können als Spenden für ausgewählte Organisationen ein-gelöst werden. Wegen des geringen Wertes einzelner Punkte werden hier meist kleine und kleinste Spenden (Mikrospenden) ausgelöst. Aber durch die Vielzahl der Kunden dieser Unternehmen erreichten die insgesamt ge-spendeten Punkte oft Werte von mehreren Millionen Euro.[2]

Die genannten Arten unterscheiden sich bezüglich der Integrationsmög-lichkeiten in die eigene Homepage, der zu erwartenden Größenordnungen der Spenden, der Weitergabe der Spenderdaten und der Zweckbindung der Spenden. Einen Überblick findest du in der Tabelle auf Seite 26.

Viele Organisationen nutzen die aufgeführten Spendenformen parallel oder ergänzend, um verschiedene Zielgruppen zu erreichen. Alle Kanäle gleichzeitig und in gleicher Intensität zu bespielen, schaffen wegen des zeitlichen und personellen Aufwands nur wenige Organisationen.

**Was ist mit Crowdfunding?**

Crowdfunding ist keine Art des Spendens (siehe Vorwort), da eine materiel-le Gegenleistung erbracht wird. Dennoch ist Crowdfunding für gemeinnützi-ge Organisationen eine Option, um im Internet Geld zu sammeln. Eine mögli-che, aber seltene Spielart, sind Crowdfunding-Kampagnen, bei denen nur ein minimaler Gegenwert erbracht wird. Zum Beispiel bekommt der Unterstützer einen Schlüsselanhänger oder die Einladung zum Tag der offenen Tür.

Klassisches Crowdfunding zeichnet sich durch eine begrenzte Zeitdauer, eine echte Gegenleistung und das Alles-oder-nichts-Prinzip aus. Wird die avisierte Summe nicht im angegeben Zeitraum erreicht, geht das Geld zu-rück an die einzelnen Unterstützer.

Da Crowdfunding im Normalfall aber Teil des wirtschaftlichen, steuer-pflichtigen Betriebs ist, muss man vorsichtig sein, um am Ende nicht mit einer Steuerschuld oder dem drohenden Verlust der Gemeinnützigkeit kon-frontiert zu werden.[3] Vor dem Start einer Crowdfunding-Kampagne sollte also ein Steuerberater zu Rate gezogen werden.

Generell unterscheiden sich Crowdfunding und Fundraising aber auch in ih-rer strategischen Ausrichtung: Crowdfunding dient der Finanzierung klar ab-gegrenzter Projekte in einem kurzen Zeitraum, während sich Fundraising auf eine dauerhafte Finanzierung aller (Projekt-)Kosten einer Organisation bezieht.

Literaturhinweis:
Stiftung & Sponsoring, Rote Seiten, 1/2015 „Crowdfunding und Crowdinvesting"

# 1.4 Werkzeuge fürs Online-Fundraising

## Anbieter, Kosten und Funktionen.

*Leonie Gehrke, betterplace.org*

Es gibt eine ganze Reihe von Anbietern, die Tools fürs Online-Fundraising zur Verfügung stellen. Das Sortiment wird schnell unübersichtlich: Es reicht von Online-Tools wie Spendenformularen für die Homepage über Projekt- und Aktionsseiten auf Spendenplattformen bis hin zu Einkaufsportalen, die ihre Provisionen zu Spenden wandeln (siehe Übersicht Seite 20). Ehe deine Organisation sich für einen Anbieter entscheidet, sollten unbedingt die Anforderungen ans Fundraising-Tool definiert werden. Folgende Leitfragen können dabei helfen:

- Form des Fundraisings: Willst du ausschließlich über die Homepage deiner Organisation Spenden sammeln oder auch über eine Projektseite auf einer Spendenplattform?

- Zahlungsweisen: Welche Zahlungsmöglichkeiten möchtest du deinen Spendern anbieten?

- Kosten: Wie viel Budget ist für kostenpflichtige Tools eingeplant?

- Spenderdaten: Wie wichtig ist der direkte Zugang zu Spenderdaten (Name, Adresse, Höhe der Spende) und deren Verwaltung?

- Absender der Spendenbescheinigung: Wer soll die Spendenbescheinigung ausstellen? Der Anbieter oder deine Organisation?

- Mehrsprachigkeit: Möchtest du auf mehreren Sprachen Spenden sammeln?

- Für mobile Geräte optimiert: Soll das Tool auch auf dem Tablet oder Smartphone gut aussehen?

## Die wichtigsten Anbieter von Online-Fundraising-Tools im Vergleich[1]

| Anbieter | Aktion HelpDirect e. V. | Altruja GmbH | Alvarum SAS | Ammado AG |
|---|---|---|---|---|
| Form | Spenden-plattform | Online-Tool | Spendenaktion (Portal) | Spenden-plattform |
| Einrichtungspreis | gratis | 99 Euro[7] | 290 Euro | gratis |
| Sonstige Kosten | Gebühren für Kreditkarte und PayPal | ab 29 Euro monatl. | 5 % zzgl. MwSt. und 1,9 % Gebühr | 5 % Bearbei-tungs-gebühr 2,5 % für On-linespenden |
| Zielgruppe | kleine, mittlere NPOs | NPOs, Unternehmen, Parteien | kleine, mittlere, große NPOs | internationale NPOs mit ent-sprechendem Nachweis der Anerkennung |
| Zahlungsweise[2] | Kreditkarte, PayPal, Lastschrift, Sofort Über-weisung, Sonstige | Kreditkarte, PayPal, Lastschrift | Kreditkarte, Lastschrift, Sofort Über-weisung, Sonstige | Kreditkarte, PayPal, Lastschrift, Sonstige |
| Spenderdaten[3] | ✔ | ✔ | ✔ | ✘ |
| Spenden-bescheinigung[4] | ✔ | ✔ | ✘ | ✔ |
| Fundraising-Event[5] | ✔ | ✔ | ✔ | ✔ |
| Mehrsprachigkeit | ✘ | ✔ | ✔ | ✔ |
| Für mobile Geräte optimiert[6] | ✘ | ✔ | ✔ | ✔ |

1 Dieser Überblick stellt eine Auswahl einzelner Anbieter und ihres Angebots dar. Wir erheben keinen Anspruch auf Vollständigkeit.
2 Es werden nur die Zahlungsarten Kreditkarte, Lastschrift, PayPal, Giropay und Sofort Überweisung betrachtet.
3 Zugang zu den Spenderdaten (z.B. Name, Anschrift).
4 Versand der Spendenbescheinigung erfolgt durch den Anbieter.
5 Anlassbezogenes Spendensammeln, z. B. Geburtstag, Marathon.
6 Homepage / Formular passt sich automatisch Bildschirmgrößen an. Spenden auch über Smartphone und Tablet.

| Bank für Sozial-wirtschaft AG | betterplace.org (gut.org gAG) | FundraisingBox (Wikando GmbH) | GLS Gemein-schaftsbank eG | Grün Spendino (Grün Software AG) |
|---|---|---|---|---|
| Online-Tool | Spenden-plattform | Online-Tool | Spenden-plattform | Online-Tool |
| 100 Euro für das optionale Kredit-karten-/ 50 Euro für das optionale PayPal-Modul | gratis | gratis | gratis | 100 Euro |
| 15 Euro zzgl. Gebühren für Kreditkarte sowie PayPal | gratis | 29–300 Euro | Gebühr bzw. Fixkosten | 25–249 Euro |
| Kunden der Bank für Sozial-wirtschaft | kleine, mittlere NPOs, auch ohne anerkannte Ge-meinnützigkeit | große NPOs [8] | gemeinnützige Mitglieder der GLS Bank | kleine, mittlere NPOs |
| Kreditkarte, PayPal, Lastschrift, Sofort Überweisung, Sonstige | Kreditkarte, PayPal, Lastschrift, Giropay | Kreditkarte, PayPal, Lastschrift, Sofort Überweisung, Sonstige | Kreditkarte, Lastschrift, Giropay | Kreditkarte, PayPal, Lastschrift, Sofort Überweisung |
| ✔ | ✔ | ✔ | ✔ | ✔ |
| ✘ | ✔ | ✔ [9] | ✘ | ✘ |
| ✘ | ✔ | ✔ [10] | ✔ | ✘ |
| ✔ | ✔ | ✔ | ✘ | ✔ |
| in Planung | ✔ | ✔ | ✘ | ✔ |

7 Optional, gratis bei eigener Integration.
8 Für kleine und mittlere NPOs wird die separate Plattform fundraisingsbox starter angeboten.
9 Ohne Pufferkonto, wird im Namen der Organisationen erstellt.
10 Eine separate Plattform für Fundraising-Events bietet Wikando mit helpedia.de.

## 2. Crowdfunding-Plattformen

Streng genommen zählt Crowdfunding nicht zum Online-Fundraising (siehe Übersicht Online-Fundraising Seite 24). Dennoch bieten einige Crowdfunding-Plattformen auch die Möglichkeit einer Spende an.

| Anbieter | ecocrowd Crowdfunding-Plattform der Deutschen Umweltstiftung | gemeinschaftscrowd GLS Treuhand | Startnext Crowdfunding GmbH |
|---|---|---|---|
| Form | Crowdfunding-Plattform | Crowdfunding-Plattform | Crowdfunding-Plattform |
| Einrichtungspreis | gratis | gratis | Crowdfunding: gratis Crowdinvesting[12]: 595 Euro |
| Euro/Monat | 8 % der Finanzierungssumme (nur bei erfolgreichem Projekt) und PayPal-Gebühr | 10 % der Finanzierungssumme (nur bei erfolgreichem Projekt) | 4 % der Finanzierungssumme (nur bei erfolgreichem Projekt) + ggf. freiwillige Provision |
| Zielgruppe | nachhaltige Projekte | in Deutschland als gemeinnützig anerkannt | kreative und nachhaltige Ideen von Künstlern, Kreativen und Gründern |
| Zahlungsweise | PayPal, Sofort Überweisung | Kreditkarte, Giropay | Kreditkarte Überweisung, Lastschrift, Sofort Überweisung, Sonstiges |
| Spenderdaten | ✔ | ✔ | bei erfolgreichem Projekt |
| Spendenbescheinigung | ✘ | ✘ | ✘ |
| Fundraising-Event | ✘ | ✘ | ✘ |
| Mehrsprachigkeit | ✘ | ✘ | ✔ |
| Für mobile Geräte optimiert | ✔ | ✘ | in Planung |

12 Investition in Start-ups oder Unternehmen und Beteiligung am möglichen Gewinn.

### 3. Shops for Good / Affiliate-Spenden

Diese Anbieter ermöglichen das Spenden von Provisionen, welche bei Einkäufen in Online-Shops gezahlt werden (siehe Übersicht Online-Fundraising Seite 20).

| Anbieter | Bildungsspender gemeinnützige Unternehmergesellschaft | boost Boost Engagement FBX gemeinnützige GmbH | elefunds Stiftung gemeinnützige UG | Schulengel GmbH |
|---|---|---|---|---|
| Voraussetzung zur Teilnahme | in Deutschland als gemeinnützig anerkannt | in Deutschland als gemeinnützig anerkannt | bestehende Kooperationen im Bereich E-Commerce | in Deutschland als gemeinnützig anerkannt |
| Art der Spende | Spenden aus Marketingprovisionen der Shops | Spenden aus Marketingprovisionen der Shops | freiwilliges Aufrunden und Spenden statt Prämienpinzip | Spenden aus Marketingprovisionen der Shops |
| Anzahl teilnehmender Shops | 1.672 (u. a. Amazon, JAKO-O, Expedia) | über 500 Partner-Shops (u. a. Amazon, OTTO, Lieferando.de uvm.) | 160 (u. a Connox, Heise, Glücksmacher, kartenmacherei) | etwa 1.300 Partner-Shops (u. a. Amazon, eBay, myToys) |

# „Mobilfähigkeit sollte höchste Priorität genießen"

## Maik Meid über den Einstieg ins Online-Fundraising.

*Der Fundraising-Experte empfiehlt, strategisch vorzugehen, um die besten Entscheidungen treffen zu können: Welche Werkzeuge, Anbieter und Social Media Kanäle sich in welchen Fällen eignen, erklärt Maik Meid im Interview – und gibt darüber hinaus wertvolle Tipps für Einsteiger. Maik Meid, Jahrgang 1976, ist Fundraising-Manager (FA), freier Berater, Dozent und Referent aus dem Ruhrgebiet mit dem Schwerpunkt Organisationen aus der Sozialwirtschaft. Er ist Mitgründer und Gesellschafter der caretelligence Media Monitoring GmbH, Blogger und Digitalmensch.*

**Maik, wenn eine kleine Organisation ins Online Fundraising einsteigt: Welche Werkzeuge sollte sie nutzen? Welchen Anbieter?**

Um das gut entscheiden zu können, sollten sich gerade kleine Organisationen Zeit nehmen, sollten sich umschauen, und schauen, wie Online-Fundraising in den vorhandenen Fundraising-Mix passt. Sprich, man sollte sich das grundlegend und strategisch überlegen. Dabei entscheidet sich zum Beispiel auch, ob ich primär auf meiner eigenen Website mit einem Spendenbutton oder auf externen Plattformen in Projektform fundraisen möchte. Soll es spielerisch modern, mit Schiebern und vielen Bildern zum Projektnutzen oder eher statisch und konservativ sein? Hinzu kommen Fragen, ob und welche Rolle Newsletter und E-Mails spielen sollen. Und dann kann man genau schauen, welcher Anbieter die Dinge ermöglicht, die der Organisationsstrategie am nächsten kommen und ob dessen Leistungen im Investitionsbudget liegen. Der Anbieter sollte technisch stets auf dem Laufenden und einfach bedienbar sein, für Spender und Organisation, da gerade im ehrenamtlichen Bereich digitale Kompetenzen noch nicht weit verbreitet sind.

**Es gibt immer mehr Anbieter für Affiliate-Spenden. Lohnt sich diese Art des Fundraisings auch für Organisationen, die bisher nur wenige Spender haben?**

Hier bin ich skeptisch. Zum einen, weil sich diese Anbieter aktuell mit Präsenz überbieten. Zum anderen, weil genau geschaut werden muss, wer was für wen leistet und wer für wen wirbt. Außerdem ist der Begriff „Spende" in diesem Fall noch zweideutig. Erfolgreich sind die Systeme nur, wenn immer wieder intern und extern bei der Unterstützer-Community darauf hingewiesen wird. Sei es in Signaturen der E-Mails oder auf der Website. Aber selbst wenn die Conversionrate dann zufriedenstellend sein sollte, kommen im Normalfall kaum relevante Summen zusammen. Wobei Ausnahmen natürlich die Regel bestätigen. Man sollte bei Affiliate einen Anbieter wählen, der geprüft seriös arbeitet, es der Organisation leicht macht und einen guten Service bietet.

**Wie wichtig sind soziale Medien fürs Online Fundraising?**

Grundsätzlich gilt: Organisationen sollten dort kommunizieren, wo ihre Spender und potentiellen Freunde sind, und das kann zum Beispiel auf Facebook sein. Allerdings sollte man wissen, dass sich die Gesetzmäßigkeiten und Gewohnheiten dort ständig ändern und mögliche Relevanzen nicht mehr existieren wie vor zwei Jahren. Dort eine Seite zu haben und regelmäßig Beiträge zu verfassen sorgt noch lange nicht für Erfolg. Diesen zu erzielen ist weit komplexer. Nur gut gepflegte und redaktionell ausgestattete Seiten oder Profile haben eine Chance, beim potentiellen Spender anzukommen und realisiert zu werden. Ob Twitter, Google+, Instagram und Co. gut zu meiner Organisation passen, ist themen- und ressourcenabhängig. Aus absatzorientierter Sicht spielen Facebook-Seiten übrigens noch keine echte Rolle.

**Viele Websites sind noch nicht mobilfähig bzw. responsive. Ab wann sollte eine Organisation auch über das Handy Spenden empfangen können?**

Am besten gestern. Nein, Spaß beiseite. Mobile Spenden spielen aktuell in Deutschland noch kaum eine Rolle. Dennoch sollten die Mobilfähigkeit und der responsive Aufbau der eigenen Website höchste Priorität genießen. Das hat vor allem mit der erhöhten Auffindbarkeit bei Google zu tun. Bei der Umstellung muss man dann alle Inhalte auf den Tisch legen und schauen, wie eine inhaltliche Optimierung für unterschiedliche Geräte gelingen kann. Und dazu gehört auch der Spendenbereich. Tendenziell wird sich das mobile Spenden ähnlich wie der mobile eCommerce entwickeln. Es gilt, darauf vorbereitet zu sein, sonst ziehen die Spenden an einem vorbei.

**Hast Du einen allgemein gültigen Tipp für Online-Fundraising-Einsteiger?**
Machen. Im Ernst. Und von Anfang an in der Organisation klarstellen, dass Online-Fundraising ein wichtiger Teil des Fundraisings ist. Persönlich habe ich die Erfahrungen gemacht, dass Aktions-Fundraising zum Start ganz gut funktionieren kann. Anhand kleiner Aktionen können die für das Online-Fundraising notwendigen Prozesse leicht erlernt werden. Man bekommt dabei auch mit, welche Energien entstehen können. Und: Es kostet nicht viel und richtet bei Misserfolg keinen Schaden an. Wenn man zwei bis drei Aktionen gut abgewickelt hat, ist man bereit für mehr.

**Maik Meid**
*Fundraising-Manager*

Fundraising-Links zum Weiterlesen

Hier findest du zahlreiche Video-Tutorials. Nicht nur zu Online-Fundraising, sondern auch zu Digital Storytelling und Social Media.
→ www.onlinehelden.org/online-schulung/online-fundraising

Der betterplace lab Trendreport sammelt digitale Trends für den sozialen Sektor. Neben dem Trend Online-Fundraising findest du noch mehr als 30 weitere Trends.
→ trendreport.betterplace-lab.org/trend/online-fundraising

Hier tummeln sich die Profis zum Online-Fundraising. Umfassende und sehr aktuelle Seite aus der Fundraising-Welt mit Buchbesprechungen, Veranstaltungshinweisen usw.
→ sozialmarketing.de

Auf dieser Webseite versucht das Fundraiser Magazin Licht ins Dunkel des Online-Fundraising-Universums zu bringen.
→ www.fundraiser-magazin.de/index.php/aktuelle-nachrichten-archiv/online-fundraising-auf-einen-blick.html

Hier bloggen Profi-Kampagnenmacher. Unregelmäßig, aber dafür interessant.
→ www.kampagne20.de

Fallstudien und Blogbeiträge zu Fundraising, Storytelling und Kampagnen.
→ www.spendwerk.de/themen

Zahlreiche Webinare für NPO. Von Fundraising über Ehrenamtsmanagement bis hin zu Rechtsfragen.
→ www.connectinghelp.de/angebote/know-how-fuer-non-profits

Lernzentrum des Network for Good. Viele Tipps und Tricks – bieten auch Webinare an.
→ www.fundraising123.org/fundraising

In diesem umfassenden Fundraising-Archiv liegt der Schwerpunkt auf Online-Fundraising via Social Media. Eine tolle Wissensquelle!
→ www.nptechforgood.com/category/fundraising

Hier gibt es unter anderem auch den Offline-Blick auf das Thema Fundraising. Besonders Lesenswert: Die Analysen von Postmailings.
→ fundraising-knigge.de

# 1.6 Eine richtig gute Website

## Mit dem Online-Auftritt Menschen begeistern.

*Jona Hölderle, pluralog.de*

*Die Website ist nicht mehr die einzige Möglichkeit, im Internet sichtbar zu sein. Social Media, Spendenplattformen, Apps, Verzeichnisse und Lexika sind weitere Orte, an denen man sich präsentieren kann oder präsentiert wird. Als verbindendes Element ist die eigene Website aber von zentraler Bedeutung. Sie ist die vertrauenswürdige Basis, die man zu 100 Prozent selbst steuern kann. Außerdem ist es ohne eine eigene Website schwierig, im Internet ernst genommen zu werden.*

Als Alice im Wunderland fragte: „Welchen Weg soll ich nehmen?", antwortete die Grinsekatze: „Das hängt davon ab, wo du hin willst!".

So ähnlich ist es auch mit Websites. Welche Art und Form man nutzt, hängt von der Strategie und den Zielen ab. Von der Web-Visitenkarte bis zur topaktuellen Anlaufstelle für Fachinformationen ist alles möglich. Deshalb solltest du dich zuerst fragen: „Was will ich mit meiner Website eigentlich erreichen?"

Wie die Website aussehen soll, spielt zunächst eine untergeordnete Rolle. Viel wichtiger ist eine gute Nutzerführung, also dass die Website einfach zu bedienen und Informationen schnell zu finden sind. Ob die Seite schön ist, hängt auch damit zusammen, ob sie schön zu bedienen und leicht verständlich ist.

Die meisten Besucher kommen über die Startseite auf eine Website. Deshalb sollten hier die wichtigsten Informationen über die Organisation und ihre Tätigkeit zu finden sein. Weil viele Besucher noch neu und unwissend sind:

• Es muss schnell klar werden, was die hier präsentierte Organisation macht. Warum lohnt es sich, sie zu unterstützen und auf der Website zu verweilen?

• Weil die Startseite auch eine Verteilfunktion hat, solltest du die wichtigsten Seiten hier verlinken – das aktuelle Projekt, die wichtigste Spendenkampagne, den Hintergrundartikel über die eigene Arbeit.

- Priorisiere Inhalte und verlinke sie entsprechend prominent. Nicht jede Meldung zur aktuellen Kampagne muss auf die Startseite, aber ihre Landingpage sollte jeder Besucher mit nur einem Klick erreichen können. Gleiches gilt für die Spendenseiten.

Die Startseite ist nicht der einzige Einstieg. Über Suchmaschinen, soziale Netzwerke, Newsletter und Verlinkungen auf anderen Websites kommen viele Besucher direkt auf die Inhaltsseite, für die sie sich interessieren. Diese muss so gestaltet sein, dass sich auch neue Besucher zurechtfinden.

- Mit Analyse-Werkzeugen wie Google Analytics (siehe Seite 153) kannst du herausfinden, auf welchen Seiten Besucher besonders häufig durch Verweise landen. Entsprechend wichtig ist die Gestaltung dieser Landingpages. Wenn beispielsweise viele Besucher durch Suchanfragen direkt auf die Seite eines bestimmten Fundraising-Projektes kommen, müssen dort alle relevanten Informationen über die Arbeit der sozialen Organisation zusammengefasst sein.

- Gestalte besonders Fundraising-Landingpages so, dass der potenzielle Spender die Seite für weitere Informationen nicht verlassen muss, sondern ablenkungsfrei durch den Spendenprozess geleitet wird. Viele Organisationen gehen hier so weit, nur ein abgespecktes oder gar kein Menü zu zeigen.

- Um die perfekte Benutzerführung zu erreichen, kann man auf das Konzept der Personas zurückgreifen. Beschreibe fiktive Personen, die deine Zielgruppe darstellen, und spiele mit ihnen Bedienungsszenarien (sogenannte Use-Cases) durch. Dies kann durch Interviews und spätere Tests innerhalb der Zielgruppe erweitert werden.

- Etwas weniger aufwändig ist der Müttertest: einfach mal die Mutter fragen, wie sie sich auf der neuen Website zurechtfindet – funktioniert auch mit dem Vater oder Freunden.

Jeder neue Inhalt auf deiner Website sollte ein konkretes Ziel verfolgen und den Besucher zu Handlungen anregen. Trau dich, hier dem Besucher Empfehlungen zu geben, was er als Nächstes tun soll. Dazu eignet sich nichts besser als ein klickbarer Button. Wann immer es um eine Aufforderung geht, lohnt es sich, einen Button einzusetzen.

Die wichtigsten Möglichkeiten der Besucherlenkung sind das Seitenmenü, die internen Verlinkungen und eine Suche.

- Website-Besucher klicken sich oft nur durch das Menü, wenn sie schon wissen, wo sie hin wollen, oder wenn sie auf der Seite flanieren möchten. Ein Menü sollte flach sein (nur wenige Besucher können ahnen, unter was für Oberpunkten ihre gesuchte Seite zu finden ist) und nicht zu viele Menüpunkte enthalten, da das Auge Schwierigkeiten hat, mehr als vier bis fünf Menüpunkte beim Überfliegen zu überblicken.

- Auch wichtig ist die interne Verlinkung zu eigenen Inhalten der Website im Text, unter dem Text und in den Seitenspalten. Gerade Links im Text werden besonders wahrgenommen, weil dies der Bereich ist, auf den sich der Leser konzentriert. Die anderen Bereiche werden oft ausgeblendet („Bannerblindheit"). Überlege bei internen Links, was Leser dieses Beitrages noch interessieren könnte.

- Jedes Webprojekt mit mehr als zehn Seiten sollte eine funktionierende Suche haben.

Weil viele Nutzer Texte zunächst nur überfliegen, sollte das Wichtigste in Form einer kurzen Zusammenfassung am Anfang stehen (Teaser). Auflockern lässt sich der Text mit Zwischenüberschriften, Listen, Bildern, Videos oder Audiobeiträgen. Nutze dabei Bildunterschriften, da Querleser hier oft hängenbleiben. Ein gut strukturierter Text hilft auch, in den Ergebnissen von Suchmaschinen (siehe Seite 22) besser abzuschneiden. Dabei muss ein Text auch im Internet nicht immer kurz sein, die Länge muss lediglich dem Inhalt angepasst sein.

Bereits über ein Drittel der Website-Aufrufe kommt von Smartphones und Tablets. Wegen der begrenzten Bildschirmfläche, bringt die Gestaltung einer Website für mobile Geräte spezielle Herausforderungen mit sich. Um allen Geräten gerecht zu werden, hat sich das sogenannte Responsive Design durchgesetzt, welches sich der Größe des Bildschirms automatisch anpasst und die einzelnen Elemente der Seite (Logo, Menü, Text, Seitenleiste, Fußleiste ...) entsprechend anordnet.

- Der Zwang zur Reduktion bei der Gestaltung einer mobilen Website führt zu einfach aufgebauten und verständlichen Websites. Konzipiere deshalb erst die mobile Seite und überlege dir dann, wie die Inhalte auch auf großen Bildschirmen gut dargestellt werden können.

- Weil mobile Geräte über ungenaue Berührungen und Streichbewegungen bedient werden, sollten klickbare Elemente entsprechend groß sein und weit auseinander liegen.

Egal ob Kommentar, Gewinnspiel, Bestellung oder Spende: Auf einer guten Website sind auch die Formulare leicht verständlich und ausfüllbar. Diese Kanäle sind besonders beim Online-Fundraising wichtig, um mit noch anonymen Besuchern in Kontakt zu treten und sie kennenzulernen, um ihre E-Mail-Adressen, Social-Media-Links und Telefonnummern zu erfahren.

- Es muss klar sein, welche Formularfelder ausgefüllt werden müssen und welche freiwillig sind.

- Sollen möglichst viele Menschen das Formular ausfüllen (Spendenformular etc.), frage nur die nötigsten Daten ab. Nutzer geben ungern Telefonnummern oder Geburtstage an, wenn nicht klar wird, was mit diesen Daten geschieht.

- In der Regel werden die Daten, die zwischen Benutzer und Website ausgetauscht werden, unverschlüsselt übertragen. Sollen sensible Daten übertragen werden, braucht das Formular eine SSL-Verschlüsselung, die im Browser am Beginn einer URL mit https:// statt http:// erkannt werden kann. Wenn deine Website das nicht kann, solltest du das Spendenformular von externen Anbietern einbinden, die meist auch die Zahlungsabwicklung (Lastschrift, Kreditkarte, PayPal, Sofort Überweisung etc.) übernehmen.

- Schaffe auf den Spendenseiten Vertrauen, indem du Siegel, Jahresberichte oder Verwendungshinweise transparent machst. Erkläre, wie sicher deine Organisation mit den Daten umgeht.

- Zeige den Spendern Testimonials und Zitate, um zu zeigen, dass sie das Richtige tun.

Aber welche Farben sollen jetzt verwendet werden? Wo das Logo, wo den Spendenbutton platzieren?

- Wenn du die oben genannten Ratschläge befolgst, wird keine häßliche Seite herauskommen. Nutze zudem Standards, die du von anderen Websites kennst, da sie die meisten Menschen gewöhnt sind und verstehen.

- Achte auf farbliche Kontraste und verwende eine einfach lesbare, nicht zu kleine Schrift.

- Wenn du ein knappes Budget hast, lohnt es sich, Templates zu nutzen. Diese Design-Vorlagen bieten fast alle Content-Management-Systeme an, und sie lassen sich leicht anpassen.

*Nicht vergessen:*

- *Erstelle ein Konzept, das die Frage beantwortet: „Was und wen will ich mit der Website erreichen?"*

- *Plane die Website erst in einer reduzierten Version für mobile Geräte, baue dann darauf für größere Bildschirme auf.*

- *Strukturiere die Website so, dass Besucher das finden, was sie finden sollen. Teste und analysiere, ob dein Plan aufgeht, und verbessere dich stetig.*

Zum Weiterlesen:

Krug, Steve, Don't make me think: A Common Sense Approach to Web Usability, New Riders, 2013.

Nielsen, Jakob u. a., Newsletter: www.nngroup.com/articles/subscribe

# 1.7 Search-Engine-Marketing: SEO und SEA

## Über das Suchen und Finden im Internet.

*Markus Jo, freier SEO-Berater*
*Julia Selensky, socialimpact-marketing.com*

*Weil das World Wide Web riesig und unüberschaubar ist, sind Suchmaschinen wie Google[1] für potenzielle Onlinespender der zentrale Ausgangspunkt. Entsprechend wichtig ist das Suchmaschinen-Marketing, das Search-Engine-Marketing. Doch was genau verbirgt sich hinter SEM? Wie funktioniert es und welchen Mehrwert bringt es deiner NPO?*

SEM ist der Oberbegriff für zwei Teildisziplinen: die Suchmaschinenoptimierung (Search-Engine-Optimization, SEO) und die Suchmaschinenwerbung (Search-Engine-Advertising, SEA).

### Einführung in SEA und SEO

Ein Beispiel: Maxi Musterfrau aus Buxtehude möchte sich über ein Tierheim in ihrem Wohnort informieren, weil sie dafür spenden möchte. Sie gibt „spenden für tierheim buxtehude" in die Google-Suche ein und erhält über 7.200 Suchergebnisse. Sie überfliegt die ersten Suchergebnisse und stellt fest, dass sich die Treffer unterscheiden: Ganz oben und im rechten Seitenbereich (in Abbildung 9 rot umrandet) sind die Ergebnisse mit „Anzeige" gekennzeichnet. Diese Ergebnisse sind SEA-Anzeigen, die Google als AdWords-Anzeigen bezeichnet. Dabei handelt es sich um bezahlte Anzeigen, die von Website-Betreibern erstellt werden (für sie wird pro Klick auf die Anzeige ein bestimmter Betrag fällig).

Darunter befinden sich die sogenannten organischen Suchergebnisse (in Abbildung 9 blau umrandet). Ihr Erscheinen und ihre Position hängen nicht von einer Bezahlung ab, können aber durch SEO beeinflusst werden.

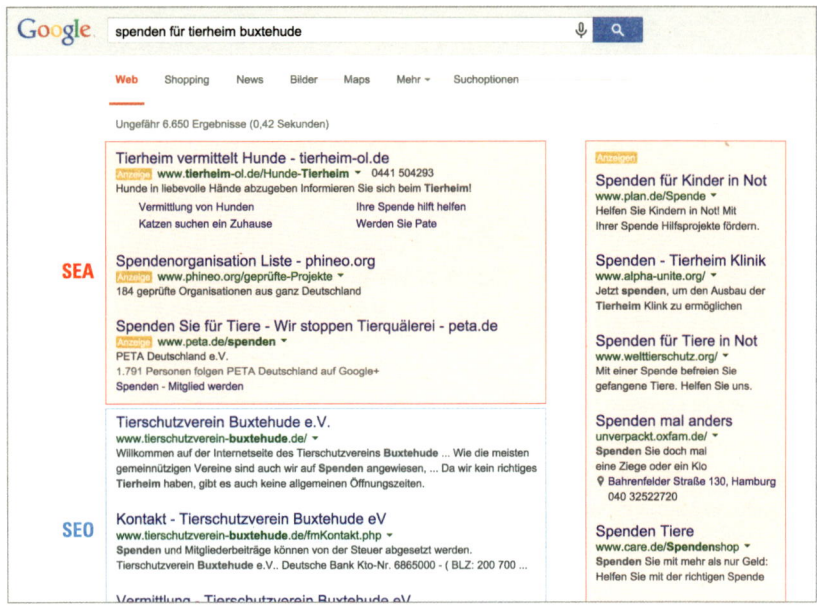

**Abbildung 9:** Ausschnitt einer Google-Suchergebnisseite mit SEA-Anzeigen (rot umrandet) und organischen Suchergebnissen, die durch SEO beeinflussbar sind (blau umrandet).

Ein entscheidender Unterschied zwischen SEA und SEO liegt darin, dass bei SEA keine aufwändigere Optimierung der Website notwendig ist (siehe dazu Seite 45 ff.), um eine gute Position in den Google-Suchergebnissen zu erreichen. Bei SEA bezahlt man dafür, gut gefunden zu werden.

Während viele Marketing-Kanäle wie TV oder Print Streuverluste in Kauf nehmen müssen, ist der Vorteil von SEM, dass deine Zielgruppe über ihre Suchbegriffe preisgibt, womit du sie erreichen kannst. Es geht darum, ein bereits bestehendes Interesse zu erkennen und es zu bedienen, statt das Interesse an einem Thema erst schaffen zu müssen.

Der letztendliche Zweck von SEM ist es, mehr Besucher auf die eigene Website zu bekommen, die sich dann möglichst lange dort aufhalten und konvertieren[2], indem sie zum Beispiel spenden.

Eine Conversion erreicht man vor allem durch eine bedienungsfreundliche Website. Hier kann SEO helfen, die Nutzung der Website zu verbessern und ihren Mehrwert für den Nutzer zu verdeutlichen. SEO bildet also die Grundlage deiner Aktivitäten, während dir SEA zusätzlich helfen kann, dort gefunden zu werden, wo du es trotz Optimierung nicht auf die erste Suchergebnisseite schaffst.

### Was ist SEO?

SEO sind Maßnahmen, nach denen eine Webseite in den organischen (unbezahlten) Suchergebnissen von Suchmaschinen wie Google auf den vordersten Plätzen erscheinen soll.

SEO ist ein Handwerk, das man lernen kann. Die wichtigsten Handgriffe sind unten aufgelistet. Zuvor ein kleiner Exkurs, der klar macht, warum es so wichtig ist, auf den vordersten Plätzen bei Google zu landen, und welchen Einfluss SEO darauf hat.

## Warum SEO? Und wie genau funktioniert eine Suchmaschine eigentlich?

Maxi aus Buxtehude möchte also für ein Tierheim in ihrem Ort spenden und erhält über 7.200 Suchergebnisse. Wie die meisten Menschen schaut sich auch Maxi nur die ersten Ergebnisse auf der ersten Suchergebnisseite an, denn sie möchten nicht viel Zeit mit der Suche vergeuden.[3] Sie entscheidet sich schon nach wenigen Sekunden, den ersten Treffer der organischen Suchergebnisse zu klicken, weil der all ihre Suchbegriffe enthält. Sie sind von Google sogar fett markiert worden.

Wie schafft es deine Webseite ganz nach oben in die Liste der Google-Suchergebnisse, um häufiger besucht zu werden? Dazu ein kurzer Blick in die Google-Suchmaschine: Google setzt Programme ein (Googlebots), die alle Websites regelmäßig prüfen, scannen, verschlagworten und diese Infos zentral speichern. Man kann sich diese Googlebots wie eine Schar fleißiger Bibliothekare vorstellen, die in einer großen Bücherei ausschwärmen, um sämtliche Buchseiten zu scannen und verschlagwortet in einer elektronischen Datenbank abzulegen. Bei Google heißt diese Datenbank Suchindex.

Wenn ein Web-Nutzer nach einer bestimmten Information sucht und hierfür Suchbegriffe eingibt, sortiert Google innerhalb von Millisekunden die passenden Webseiten aus dem Suchindex nach Relevanz. Für die Ergebnis-Rangfolge (Ranking) nutzt Google bestimmte Kriterien, die sich aus sogenannten Signalen zusammensetzen.

Hier kommt SEO ins Spiel: Als Webseiten-Betreiber kannst du diese Signale setzen und senden, indem du zum Beispiel an verschiedenen Textstellen deiner Webseite sorgfältig ausgewählte Begriffe einfügst, die zum Thema deiner Seite passen und die viele Nutzer als Suchbegriffe bei Google eingeben. Diese Suchbegriffe nennt man Keywords.

**Hier die wichtigsten Handgriffe, mit denen du deine Website fit machst für Google. Die ersten SEO-Schritte: Sende Signale!**

- **Mach eine Keyword-Analyse,** um herauszufinden, welche Suchbegriffe häufig eingegeben werden und zum Thema deiner Webseite passen. Mit dem Google-Keyword-Planner (adwords.google.de/keywordplanner) siehst du, wie viele Suchanfragen es pro Monat mit einem bestimmten Keyword gibt. Der Planner empfiehlt auch, welche Keywords man zusätzlich verwenden könnte und zeigt an, welche davon ein hohes Suchvolumen haben und in einem niedrigen Wettbewerb stehen, d. h. von nicht zu vielen Webseiten-Betreibern verwendet werden.

- **Setze Keywords in deinen URLs ein:** Stell Dir vor, auf deiner Webseite geht es ums Thema Spenden, und die URL lautet: www.meine-webseite.de/helfen. Zwar passt „/helfen" intuitiv, aber ein potenzieller Spender würde in die Google-Suche nicht „helfen" eingeben, sondern „spenden". Deshalb achte darauf, auch in den URLs deiner Webseiten passende Keywords einzusetzen.

- **Der Name deiner Webseite (Domain-Name) sollte wichtige Keywords enthalten:** Solltest du mit der Besucherzahl deiner Webseite unzufrieden sein und Feedback erhalten, dass dein Domain-Name nicht hilfreich ist, lohnt es sich eventuell, deine Webseite unter einem SEO-freundlicheren Domain-Namen weiterzubetreiben. Du musst dann einen sogenannten „HTTP 301 redirect" einrichten, der Google zeigt, dass deine Webseite permanent umgezogen ist.[4] Wenn du eine neue Webseite für deine NPO aufbaust, achte deshalb bei der Auswahl des Domain-Namens auf die Keywords.

- **Versuche Backlinks zu erzeugen.** Ein Backlink (Rückverweis) ist ein eingehender Link auf deine Webseite, der von einer externen Webseite stammt. Versuche, Inhaber von Webseiten dir bekannter Menschen, Firmen, Behörden, Vereine etc. dazu zu bringen, einen Link auf ihrer Webseite zu platzieren, der zu deiner Webseite führt. Am besten führen diese Backlinks nicht nur zu deiner Startseite, sondern auch zu inneren Seiten wie zum Beispiel der Spendenseite („www.unsere-npo.org/spenden"). Die entsprechende Linkbezeichnung sollte Keywords enthalten und nicht nur „hier klicken" lauten. Mach den Webseiten-Betreibern am besten einen Textvorschlag. Je mehr Backlinks deine Webseite hat, desto populärer und relevanter wird sie für Google!

**„Content is King": Jede Webseite sollte durchdachte und strukturierte Inhalte bieten – für Leser und Suchmaschinen**

„Content is King": Die Inhalte, das heißt vor allem Texte, entscheiden über die Qualität einer Webseite und damit auch über ihre Findbarkeit. Denn bei einer Webseite, die nur aus einem Foto und einer Überschrift besteht, wissen weder die Besucher noch Google genau, wozu sie gut sein soll. Eine wichtige Faustregel: „Webseiten werden nicht gelesen, sondern nur gescannt." Allein wegen der besseren Scanbarkeit sollte der Inhalt auf deinen Seiten gut strukturiert und in Häppchen genießbar sein.

- **Schreibe aus Sicht des Web-Nutzers:** Stell dir die Frage, was deine Besucher gern über eure NPO und Arbeit wissen möchten. Jede deiner Webseiten sollte ca. 400 Wörter oder mehr enthalten. Idealerweise zeigst du potenziellen Besuchern die Seiten vor Veröffentlichung, um Feedback zu bekommen.

- **Gliedere den Text**
  - Setze Überschriften und Zwischenüberschriften. Google achtet besonders auf die Überschriften erster und zweiter Ordnung („H1" und „H2"), in denen Keywords nicht fehlen dürfen!
  - Teile den Text in kurze Abschnitte, platziere die wichtigste Aussage eines Absatzes ganz vorn.
  - Fette die wichtigsten Wörter oder setze sie kursiv (auch Keywords).

- **Baue Keywords in die Texte ein,** ohne den Lesefluss zu stören. Damit nicht zehnmal in einem Absatz dasselbe Keyword steht, verwende Synonyme. Achtung: Google und andere Suchmaschinen nutzen Sanktionskriterien. Wer zum Beispiel beliebte, aber unpassende Keywords einsetzt oder Keywords in exzessiver Weise nutzt, wird von Google bestraft, indem seine Webseite im Ranking nach unten rutscht oder gar nicht mehr in den Suchergebnissen angezeigt wird.

- **Der Inhalt deiner Webseite sollte einzigartig sein:** Wenn zum Beispiel dein Trinkwasser-Projekt in Mosambik eines von vielen dort ist, erwähne die Besonderheiten deines Projekts.

- **Benutze ein Content-Management-System** (CMS), mit dem du
  - einen Page Title (auch Meta Title genannt) vergeben kannst: max. 60

Zeichen inkl. Leerzeichen. Hier unbedingt Keywords unterbringen!

- eine Meta Description vergeben kannst: max. 160 Zeichen inkl. Leerzeichen. Keywords integrieren! (Siehe Abbildung 10)

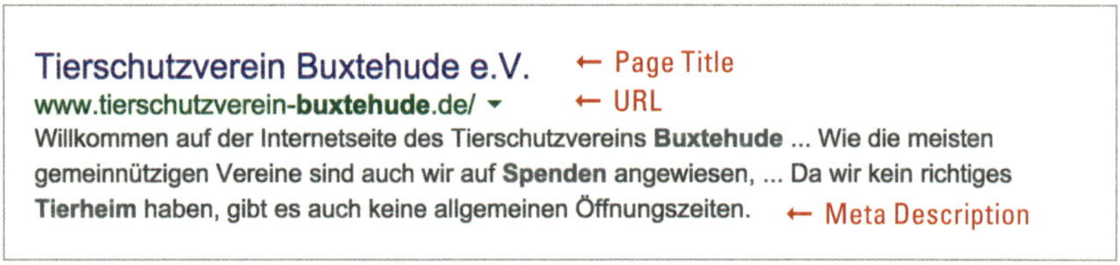

**Tierschutzverein Buxtehude e.V.** ← Page Title
**www.tierschutzverein-buxtehude**.de/ ▾ ← URL
Willkommen auf der Internetseite des Tierschutzvereins **Buxtehude** ... Wie die meisten
gemeinnützigen Vereine sind auch wir auf **Spenden** angewiesen, ... Da wir kein richtiges
**Tierheim** haben, gibt es auch keine allgemeinen Öffnungszeiten. ← Meta Description

Abbildung 10: Typisches Google-Suchergebnis, das Page Title, URL und Meta Description enthält. Mit einer gut überlegten, Keyword-lastigen Bestückung dieser Elemente bist du bestens für Google gerüstet.

- **Nutze Fotos, Grafiken und Videos** und belege sie mit einem „alt attribute" (alternatives Attribut): Da Googlebots die Inhalte von Bildern und Videos nicht erkennen können, lesen sie stattdessen das beschreibende „alt attribute". In einem CMS gibt es Eingabefelder für das „alt attribute" (oft auch „alt tag" genannt). Keywords nicht vergessen!

- **Verlinke intern:** Die Verweise innerhalb deiner Seite sind sehr wichtig für SEO. Die Linkbezeichnung sollte Keywords enthalten, also statt „hier klicken" heißt der Link besser: „Jetzt spenden für den Tierschutzverein Buxtehude".

- **Aktualisiere deinen Inhalt regelmäßig,** zum Beispiel indem du einen Blog auf deiner Webseite betreibst. Aktualität ist ein wichtiges Signal für den Nutzer wie auch für Google.

**Nach der SEO-Optimierung: unbedingt bei Google Webmaster registrieren und die sitemap.xml einreichen**

Nur so kann Google deine Website vollständig und fehlerlos in seinen Suchindex aufnehmen.

- **Registriere deine Website** bei Google Webmaster Tools: www.google. com/webmasters

- **Reiche das Inhaltsverzeichnis** deiner Website in Form einer sitemap.xml ein. Du erhältst von Google Webmaster Tools wichtige Infos, ob und welche

Probleme die Googlebots beim Scannen deiner Webseiten haben und bei welchen Keywords deine Webseite in den Suchergebnisseiten auftaucht.

- **Richte ein Webtracking-Programm** ein, zum Beispiel Google Analytics, um den Erfolg deiner SEO-Maßnahmen zu messen (und den deiner Webseite insgesamt, mehr dazu auf Seite 147). Anhand der Ergebnisse kannst du besser gegensteuern oder bestimmte SEO-Maßnahmen verstärken.

- **Spezielle SEO-Monitoring-Programme** wie SEOlytics (seolytics.de), liefern noch genauere Zahlen und Statistiken, zum Beispiel zu Ranking-Position und -Verlauf deiner Webseite für ausgewählte Keywords.

Weil SEO-Maßnahmen nicht sofort wirken – es dauert oft Monate, bis Effekte wie Conversions eintreten, und beschleunigen lässt sich dieser Prozess kaum – lohnt es sich, auch in SEA zu investieren, das im Folgenden vorgestellt wird.

## Was ist SEA und wie funktioniert es?

SEA (Search-Engine-Advertising) bezeichnet bezahlte Textanzeigen in Suchmaschinen (siehe Abbildung 9). Man spricht auch von Keyword-Advertising, weil Keywords die Grundlage der Suchmaschinenwerbung sind. Bei Google heißen die Keyword-Anzeigen AdWord-Anzeigen (siehe Abbildung 11). Wenn Nutzer der Google-Suche Suchbegriffe eingeben, stehen die AdWords in den Ergebnissen ganz oben. Eine NPO kann mit einer SEA-Anzeige – zum Beispiel im Katastrophenfall – ihre Zielgruppe besser erreichen. Ein organisch gutes Ranking muss man sich hingegen erarbeiten, was Zeit und Wissen erfordert (siehe Seite 41). SEA kann also kurzzeitig und dauerhaft dort eine Lücke schließen, wo man organisch nicht gut rankt.

**Die ersten SEA-Schritte**
- Registriere dich auf google.de/AdWords.

- Erstelle eine Anzeige, die das zu bewerbende Projekt, die Organisation, Spendenaktion oder Dienstleistung beschreibt.

- Bestimme Keywords, die die Schaltung der Anzeige in den Google-Suchergebnissen auslösen sollen. Hier hilft der Keyword-Planner (adwords.google.de/KeywordPlanner).

- Gib ein Cost-per-Click-Gebot (CPC) ab: Was möchtest du für einen Klick auf die Anzeige ausgeben und welches maximale Tagesbudget investieren?

| | |
|---|---|
| Anzeigentitel → | **Spenden für Tiere - Bedrohte Tiere brauchen Ihre Hilfe** |
| Display URL → | `Anzeige` www.wwf.de/Spende_für_Tiere ▾ |
| Textzeile → | Ihre Spende schützt Lebensräume! |
| Zusatzinformationen → | TÜV-geprüft · Effizient · Transparent |
| Profilerweiterung → | 96.123 Personen folgen WWF Deutschland auf Google+ |
| Sitelink-Erweiterungen → | Werden Sie Tiger-Pate      Für die Elefanten spenden |
| | Hilfe für Amur-Leoparden      Tiger Zukunft schenken |

Abbildung 11: Typische Google-AdWords-Textanzeige.

Die Anzeigenschaltung über AdWords beruht auf einer Auktion, bei der Werbetreibende auf ausgewählte Keywords bieten. Der Werbetreibende zahlt nur, wenn jemand auf die Anzeige klickt. Die Kosten können jederzeit im AdWords-Konto kontrolliert und angepasst werden. Gemeinnützige Organisationen fragen sich jedoch trotzdem oft, wie sie AdWords finanzieren sollen. Googles Ad Grants sind die beste Antwort.

**Google Ad Grants: Kostenlose Anzeigen für NPOs**

Google Ad Grants ermöglicht gemeinnützigen Organisationen kostenlose AdWords-Werbung in Höhe von monatlich 10.000 US-Dollar. Dieses Budget kann mithilfe des Online-Werbetools AdWords genutzt werden, um die Projekte und Ziele der Organisation auf den Google-Suchergebnisseiten zu bewerben. Diese Chance sollte man sich nicht entgehen lassen!

**Ist deine Organisation zur Teilnahme an Google Ad Grants berechtigt?**

Um am Google-Ad-Grants-Programm teilnehmen zu können, muss deine Organisation in Deutschland als gemeinnützig anerkannt sein. Zudem benötigt sie eine funktionierende Website mit relevanten Inhalten und muss u. a. der zweckmäßigen Verwendung von Spenden zustimmen. Nicht teilnahmeberechtigt sind staatliche Institutionen (Krankenhäuser, Schulen, Kindergärten etc.). Wird eine Organisation ins Google-Ad-Grants-Programm aufgenommen, gelten weitere Regeln: Man muss sein AdWords-Konto regelmäßig verwalten, und die Anzeigen dürfen nur der Bewerbung rein gemeinnütziger und somit nichtkommerzieller Zwecke dienen.

**Außerdem**

• gilt ein festes Tagesbudget im Wert von 329 US-Dollar (das entspricht den 10.000 US-Dollar Monatsbudget);

• beträgt der maximale CPC-Betrag zwei US-Dollar;

• werden nur Textanzeigen auf den Google-Suchergebnisseiten unterstützt, die auf Keywords basieren. Banner und andere Werbeformate sowie Google-Partner im Werbenetzwerk sind ausgenommen (weitere Details: → google.de/intl/de/grants).

**Was bestimmt den SEA-Erfolg? Ein paar Tipps.**

Du solltest vor dem Start deiner SEA-Maßnahmen konkrete Ziele, sogenannte Conversions (siehe Seite 154), definieren, die du im AdWords-Konto anlegst. Das können zum Beispiel eine Spende oder ein Newsletter-Abo sein. Möchtest du eine Spende erzielen, definierst du am besten als Conversion-Ziel die Spendenbestätigungsseite, da sie anzeigt, dass die Spende auch abgeschlossen wurde. Dazu musst du auf der Seite entsprechenden AdWords-Code einfügen, der das sogenannte Conversion-Tracking ermöglicht. (Man kann dafür auch auf Google Analytics zurückgreifen, siehe Seite 153.)

Je nach Wettbewerb – wer bezahlt für einen Klick aufs Keyword wie viel – kann der Anzeigenrang zum Zeitpunkt einer Suchanfrage variieren. Außerdem prüft Google die Qualität der Anzeigen und Seiten und unterscheidet zwischen relevanten und weniger relevanten Anzeigen. Google bewertet die Relevanz der Keywords, Anzeigen und Zielseiten mit dem sogenannten Qualitätsfaktor auf einer Skala von eins bis zehn. Ein hoher Qualitätsfaktor soll zeigen, dass Anzeige und verlinkte Zielseite für den Nutzer relevant sind.

*Ein Beispiel:*

Paul bietet einen US-Dollar für das Keyword „Tierschutz". Seine Anzeige lautet „Spenden Sie für viele Projekte weltweit" und verlinkt auf die Startseite seiner Organisation, die sich neben Tierschutz auch anderen Themen widmet. Ein Nutzer klickt Pauls Anzeige und landet auf der Startseite, die er enttäuscht wieder verlässt, weil er nichts zum Thema Tierschutz findet. Anzeige und Zielseite mangelt es an Relevanz. Das Google-AdWords-System wird das von Paul gebuchte Keyword „Tierschutz" mit einem niedrigen Qualitätsfaktor bewerten, weshalb Paul sein Gebot erhöhen muss, um seine vordere Anzeigenposition zu halten.

**Um einen möglichst hohen Qualitätsfaktor deiner AdWords-Anzeige zu bekommen, solltest du**

- zu deiner Organisation passende und relevante Keywords wählen (Suchrelevanz);

- Anzeigen erstellen, die möglichst spezifisch und aussagekräftig sind (Anzeigenrelevanz);

- auf Seiten verlinken, die zur Anzeige passen (Zielseitenrelevanz).

Die Suchrelevanz von Keywords kann mit dem Google-Keyword-Planner ermittelt werden (siehe Seite 48). So lässt sich die Frage beantworten, wie oft Nutzer nach bestimmten Begriffen bei Google suchen. Zudem muss man abwägen, ob man das Suchinteresse des Nutzers auf seiner Zielseite bedienen kann. Fehlen zum Beispiel Inhalte zu bestimmten Themen, sollte man sie ergänzen, bevor man ein bestimmtes Keyword bucht. Hat man sich für ein Keyword-Set entschieden, ist man damit selten allein. Im Wettbewerb der Gebote um Keywords wird der Qualitätsfaktor zu einer wichtigen Größe. Denn selbst wenn Mitbewerber dasselbe CPC-Gebot abgeben, kann man mit relevanten Keywords und Anzeigen eine höhere Anzeigenposition erzielen – unter Umständen sogar zu einem niedrigeren Preis.

**Außerdem solltest du Folgendes beachten:**
- Setze Budget-Prioritäten: Auch wenn du am Google-Ad-Grants-Programm teilnimmst, ist dein Budget begrenzt. Frage dich deshalb: Welche Keywords sind wirklich wichtig?

- Pausiere schwache Keywords: Keywords, die nicht zielführend sind (Nutzer klicken deine Anzeigen nicht oder verlassen deine Seite direkt wieder), solltest du pausieren, um Platz für bessere zu schaffen.

- Analysiere das Suchverhalten deiner Besucher: Über welchen Begriff ist ein Nutzer auf deine Seite gekommen? Hat es Sinn, dafür eigene Anzeigentexte zu erstellen und eine andere Zielseite zu wählen? Ergänze relevante Suchbegriffe und passe die Anzeigen an diese Begriffe an.

Neben diesen drei Optimierungsfaktoren, die den Erfolg deiner SEA-Maßnahmen entscheidend beeinflussen, gilt: Sei schnell präsent bei aktuellen Themen, optimiere deine Kampagnen regelmäßig und höre nie auf zu testen. Auch im SEA-Leben lernt man nie aus.

Weiterführende Links

→ Google Webmaster: offizieller Blog von Google googlewebmastercentral-de.blogspot.de

→ SEO-Book: aktuelle SEO-News, publiziert von einer SEO-Agentur seo-book.de

→ SEO-Trainee: von Trainees geschriebenes Weblog, informativ und aktuell seo-trainee.de

→ SEOlytics: kostenpflichtiges Monitoring-Tool seolytics.de

→ Social Impact Marketing: Tipps zu SEA von der Autorin Julia Selensky socialimpact-marketing.com

→ iBusiness: Marktzahlen, Analysen und Berichte zum Suchmaschinen-Marketing ibusiness.de

Weiterführende Literatur

Czysch, Stephan, Suchmaschinenoptimierung mit Google Webmaster Tools, O'Reilly, 1. Aufl., 2014.

Marshall, Perry / Rhodes, Mike / Todd, Bryan, Ultimate Guide to Google AdWords: How To Access 100 Million People in 10 Minutes, Mcgraw-Hill Publ.Comp, 4. Aufl., 2014.

Dr. Rupp, Susanne, Google Marketing: Werben mit AdWords, Analytics, AdSense & Co., Markt+-Technik Verlag, 1. Aufl., 2010.

# GRUNDLAGEN DER KOMMUNIKATION
## STORYTELLING, NEWSLETTER, SHITSTORM UND CO.

*Kommunikation ist alles. Du möchtest möglichst viele Menschen mit deiner Botschaft erreichen und möglichst viele dazu bringen, mitzumachen. Doch sie fragen sich: „Warum sollte ich Zeit und Geld spenden?". Deine Antwort muss überzeugen. Du musst klar machen, dass es unverzichtbar ist, mit dir für deine gute Sache zu kämpfen. Du musst begeistern! Mit der richtigen Geschichte, einem überzeugenden Newsletter und guter Pressearbeit schaffst du Bewusstsein für deine Arbeit – und startest deinen eigenen Spenderloyalitätszyklus.*

Bewusstsein fürs
Problem schaffen

# 2.1 Warum Geschichten wichtig sind und wie sie gelingen

## Das Einmaleins des Storytellings.

*Sabine Rietz, Journalistin*

*Wir alle lesen gern Geschichten über Menschen, deren Schicksal uns bewegt, deren Handlungen uns überraschen und die etwas mit uns selbst zu tun haben. Mit Geschichten lassen sich komplizierte Zusammenhänge verständlich machen. Und Geschichten können, wenn sie wahr sind und aus glaubwürdiger Quelle stammen, leichter überzeugen als Thesen oder Beschreibungen.*

Wenn du mit einer Geschichte erreichen möchtest, dass Menschen deine Überzeugung teilen oder deine Arbeit unterstützen, dann schockiere sie nicht, sondern bewege. Die Geschichte sollte zeigen, dass es einen Ausweg gibt, dass sich Handeln lohnt und eine Lösung möglich ist.

**Wie finde ich eine gute Geschichte,** die meine Organisation beschreibt, die glaubwürdig ist, die lebendig ist und im Gedächtnis bleibt? Die überzeugt?

### 1. Rahmenbedingungen abstecken
Stelle dir zunächst einige grundsätzliche Fragen:
- Welche Zielgruppe willst du erreichen?
- Welches Vorwissen haben die Leser?
- Welches Ziel hat die Geschichte? Soll sie die Grundidee deiner Organisation transportieren oder nur einen Teilaspekt hervorheben? Willst du um Spenden werben, eine Meinung transportieren oder deine Unterstützer informieren, sie bei der Stange halten?
- In welchem Medium soll die Geschichte erscheinen?
- Wie lang soll die Geschichte sein, in welcher Form sollte sie erscheinen?

### 2. Spannende Geschichten in deiner Organisation finden
Eine der Grundregeln einer jeden guten Geschichte lautet: Langweile nicht! Schreibe eine Geschichte, die überrascht. Und je ernster oder tragischer dein Anliegen ist, desto nüchterner, aber interessant oder spannend sollte die Geschichte sein. Vermeide pathetische Beschreibungen und suche passende Handlungen!

In jeder Geschichte sollte sich auch Optimismus und Hoffnung wiederfinden. Beobachte dich selbst: Wenn alles nur schlimm und hoffnungslos dargestellt ist, fühlen wir uns ohnmächtig und unwohl, und wollen uns nicht weiter mit dem Thema belasten.

Finde eine konkrete Geschichte, die tatsächlich passiert ist, die die Idee deiner Organisation oder den gewünschten Teilaspekt transportiert. Dabei ist nicht wichtig, dass alle Aspekte vorkommen. Die Leserin wird verstehen, dass es sich um ein Beispiel handelt. Wenn die Geschichte gut ist, wird sie es sich merken und mit dem Namen deiner Organisation verbinden.

Um herauszufinden, was die richtige Geschichte für deine Zwecke ist, solltest du viele Gespräche führen. Vor allem wenn du schon lange für deine Organisation arbeitest, ist dir eure Idee so vertraut, scheinen dir die Menschen, für die oder mit denen du arbeitest, so normal, dass du womöglich den Blick für das Interessante verloren hast. Sprich mit Kolleginnen und Kollegen und mit Menschen außerhalb deiner Organisation und frag, was sie spannend und erzählenswert finden.

**Weitere Fragen, die du dir stellen solltest:**
- Habe ich oder hat ein anderer Mitarbeiter meiner Organisation die jeweilige Begebenheit selbst erlebt oder diese Menschen selbst getroffen? Dann kannst du authentischer und emotionaler erzählen und Nähe herstellen.
- Ist es eine Geschichte, die nur du weitererzählen kannst? Sorge dafür, dass die Geschichte auch für Außenstehende interessant ist.
- Auch wichtig: Sind alle Protagonisten, die in der Geschichte vorkommen, mit der Veröffentlichung einverstanden, oder müssen sie anonymisiert werden?

Wenn deine Organisation zum Beispiel Essen an Obdachlose verteilt, solltest du nicht zu viel über medizinische Probleme sprechen oder über Wohnungslosigkeit, sondern eine Geschichte erzählen, die vom Hunger auf der Straße handelt, und welchen Unterschied eure Arbeit hier macht. Nutze die Exklusivität eurer Arbeit, die Kontakte und Einblicke, die nur du hast. Natürlich sind Geschichten, die eine gewisse Dramatik haben, besser als allzu alltägliche und vorhersehbare Geschichten.

Wenn du Leser erreichen willst, die noch nicht mit eurer Organisation vertraut sind, beschreibe euer Grundanliegen, zum Beispiel wie und warum ihr Essen an Bedürftige verteilt. Wenn du hingegen vertraute Unterstützer als Zielgruppe hast, suche auch mal das Abseitige. Was passiert mit Menschen oder Unternehmen, die Essen spenden? Gab es mal einen besonders leckeren Nachtisch, um den sich zwei Frauen fast geprügelt hätten?

Grundsätzlich gilt, dass Menschen an Geschichten mit Menschen interessiert sind. Erzähle etwa auf der Startseite eurer Website nicht, wie ein neues Schulgebäude entsteht. Das wirkt langweilig, Menschen können sich nicht so gut mit Gebäuden (oder anderen Objekten oder abstrakten Dingen) identifizieren. Erzähle von einem Kind, das sein erstes Wort schreibt, oder von einer Schulabgängerin, die ihren ersten Arbeitstag hat.

### 3. Recherche und Planung

Die Recherche vor der Geschichte darf keine Aspekte offen lassen und muss alle W-Fragen klären: wer, wo, was, warum und wie oder wie viel. Auch wenn die Geschichte kurz wird: Je genauer du die Hintergründe kennst, desto besser kannst du die passenden und spannenden Teile beschreiben und Details konkret wiedergeben. Nach der Recherche solltest du planen, wie die Geschichte beginnt und endet (Spannungsbogen).

### 4. Das Schreiben der Geschichte

„Wenn du etwas schreibst – schreibe kurz und sie werden es lesen, schreibe einfach und sie werden es verstehen, schreibe bildhaft und sie werden es im Gedächtnis behalten."

Joseph Pulitzer bezieht sich hier auf Printtexte, seine Worte gelten aber auch für Texte, die auf Webseiten und anderswo erscheinen.

Je besser du dein Thema kennst (Vorrecherche), desto besser kannst du einen Text kurz und knackig schreiben, dich aufs Wesentliche beschränken und komplexe Sachverhalte verständlich vereinfachen. Eine bildhafte Sprache entsteht, wenn du Menschen handeln lässt und passende Details nennst.

Jede noch so kurze Geschichte benötigt einen guten Anfang und einen zufriedenstellenden Schluss, der eine Lösung beinhaltet. Der Anfang dient dazu, dass die Leser gepackt werden und weiterlesen. Es kann das Thema oder es können Personen eingeführt werden. Doch vermeide Erklärungen und beginn stattdessen gleich mit einer konkreten Handlung oder einer konkreten Situation. Zum Beispiel statt: „Oma Erna war eine gute Köchin. Ihre Pfannkuchen waren in der ganzen Straße bekannt, vor allem die Kinder der Schulzes und Hubers wollten immer etwas abhaben." Besser: „Herr Kurt roch den Duft von frischen Pfannkuchen und lief schnell zu Oma Erna hinüber. Doch an ihrem offenen Küchenfenster standen schon die Kinder von Schulzes und Hubers und hofften ebenfalls, etwas abzubekommen." Ein paar einfache Regeln solltest du beachten:

- Schreibe kurze Sätze, ohne abgehackt zu wirken.
- Vermeide Schachtelsätze.
- Variiere die Satzlängen und die Satzstellung.
- Löse komplizierte und lange Hauptwörter auf und mache daraus einen aktiven Satz mit vielen Verben (Substantivierungen bzw. Nominalstil vermeiden).
- Nutze aktive Verben und sehr wenig Adjektive.
- Vermeide Fremdwörter oder erkläre sie.
- Vermeide Passivkonstruktionen. Statt: „Der goldgelbe, duftende Pfannkuchen wurde von Opa Kurt liebevoll gewendet." Besser: „Opa Kurt schiebt den Wender unter den Pfannkuchen, dreht ihn und legt die teigige Seite ins heiße Fett. Es zischt leicht. Oben leuchtet der Fladen goldgelb."
- Nutze starke Verben, die eine konkrete Handlung beschreiben. Die Personen oder Dinge in der Geschichte geraten so in Bewegung. Nutze möglichst wenig Hilfsverben.
- Vermeide Phrasen: „schnell wie der Wind", „fleißig wie eine Biene" oder „Frau K. weiß, wovon sie spricht" sind oft gehörte Sätze, die keine Bilder in unseren Köpfen erzeugen. Suche stattdessen nach passenden Ausdrücken, die nur auf die spezielle Situation passen.

### 5. Das Redigieren

Keine Geschichte ist auf Anhieb gut. Wenn du den Text fertig geschrieben hast, bleibt noch einiges zu tun, bis er wirklich gut ist.

### Überprüfung von Inhalt und Aufbau

- Sind alle notwendigen Inhalte vorhanden?
- Stimmen alle Inhalte, Zahlen, Namen?
- Stimmen die Übergänge oder gibt es diffuse Sprünge?
- Ist die Geschichte verständlich?
- Kann sie durch eine Umstellung noch spannender erzählt werden (Spannungsbogen)?

**Überprüfung der Sprache**
- Sind alle Sätze kurz genug und verständlich?
- Stimmt der Sprachstil (salopp, ironisch [Achtung, Ironie funktioniert fast nie], ernsthaft, belehrend, pathetisch ...)?
- Gibt es genug aktive Verben, damit die Geschichte lebendig ist?
- Stimmen die Sprachbilder?
- Können noch Adjektive oder Füllwörter gestrichen werden?
- Sind die Details und Begriffe präzise und treffend?

**Schlusskorrektur**
- Überprüfe Rechtschreibung und Zeichensetzung. Überlasse dies einer erfahrenen Person, die in Rechtschreibung versiert ist (Korrektor).

*Beispiel:*

*Ein schönes Beispiel für multimediales Storytelling findest du unter www.urban-survivors.org. Hier berichtet Ärzte ohne Grenzen von den Lebensbedingungen in sieben großen Slums auf der ganzen Welt – sehr eindrücklich in Bild, Ton und Text.* → www.urbansurvivors.org

Zum Weiterlesen:
Herbst, Dieter, Storytelling, UVK Verlagsgesellschaft; 3. Aufl., 2014.

→ www.onlinehelden.org/online-schulung/storytelling

## 2.2 **Fotos sind wichtig!**
### So gelingen sie.
*Thomas Wegner, Natalie Stark, betterplace.org*

*Der Mensch ist ein visuelles Wesen: Wenn man ihm Zeitungs- oder Webseiten zeigt, guckt er als Erstes auf die Fotos. Genau in diesem Moment generiert das Hirn im besten Fall Emotionen. Denn anhand von Emotionen entscheiden Menschen schnell und intuitiv, ob sie sich weiter mit den noch kommenden Inhalten beschäftigen sollen, ob sie die anstehende „Lesearbeit" auf sich nehmen sollen. Fotos sind also unverzichtbar, um Menschen dazu zu bringen, sich mit der eigenen Botschaft auseinanderzusetzen.*

### Die Vorteile von guten Fotos
- Fotos erzählen auf einen Blick auch immer eine Geschichte. Sie vermitteln Emotionen, Informationen, wecken Neugier und geben Einblicke in deine Arbeit.
- Menschen können die Informationen von Fotos schnell, ohne Mühe und intuitiv erfassen.
- Fotos bringen Menschen dazu, sich dein Projekt genauer anzusehen.
- Fotos bleiben besser in Erinnerung als Text.

### Das Motiv
- Das Motiv sollte zum Thema bzw. Verwendungszweck passen und deine Botschaft transportieren. Wenn du mit Pferden arbeitest, zeig sie!
- Welche Emotionen möchtest du transportieren? Welche beim Betrachter auslösen (z. B. motivieren, Mitgefühl erzeugen, erschüttern)? Wähle dein Motiv entsprechend.
- Das zentrale Objekt des Fotos sollte nicht direkt in der Mitte des Ausschnitts bzw. des Fotos sein.
- Personen sollten nicht aus dem Bild heraus blicken (also zum linken oder rechten Rand schauen).
- Authentisch bleiben, vermeide zu sehr gestellte Fotos.
- Nutze gedeckte und natürliche Farben, vermeide extreme Kontraste.
- Vermeide kompromittierende, jugendgefährdende oder andere strafrechtlich relevante Inhalte.
- Verwende keine unscharfen, schiefen oder abgeschnittenen Fotos. Sie wirken unprofessionell und können Zweifel an der Ernsthaftigkeit deines Projekts schüren.

### Format und Perspektive

- Nutze am besten nur Querformat. Fotos im Hochformat kommen auf Monitoren nicht zur Geltung.
- Variiere den „Point of View", um aus Fotos mit unterschiedlichen Perspektiven wählen zu können.

### Die Technik

- Wenn du Menschen fotografieren willst: Mach schon Aufnahmen, bevor die Personen merken, dass Fotos aufgenommen werden. Diese ersten Fotos wirken oft am natürlichsten.
- Mach bei Gruppen mehrere Aufnahmen schnell hintereinander, so minimierst du beispielsweise das Risiko geschlossener Augen. (Probiere dafür den Sport-Modus deiner Kamera aus.)
- Vermeide Belichtungszeiten unter 1/100 Sek (oder nutze ein Stativ). Sonst verwackelt's.
- Experimentiere mit den Einstellungen der Kamera, variiere beispielsweise die Blende.

*Fazit:*

- *Viel wichtiger als technische Perfektion ist bei einem Foto, dass es Emotionen auslöst, eine Geschichte erzählt und beim Betrachter in Erinnerung bleibt.*
- *Fotos sollten immer zu eurem Gesamtauftritt passen (gleichbleibende Bildsprache / Corporate Design).*
- *Schau dir andere Projekte an, die Fotos erfolgreich einsetzen und deinem ähneln (Best Practice).*

## Gute Bilder für meine soziale Story: Wo finde ich Bilder unter Creative-Commons-Lizenz?

Ansprechende Fotos sind nicht nur das A und O einer guten Social-Media-Kampagne, mit guten Fotos kannst du in fast jeder Art der Kommunikation mehr Aufmerksamkeit und Reichweite erzielen. Und in sozialen Netzwerken können deine Unterstützer und Fans Bilder und Grafiken besonders einfach weiterverbreiten. Bilder unter Creative-Commons-Lizenz sind eine gute Möglichkeit für NPOs, kostenlos an Bilder zu kommen. Wichtige Fragen dabei: Wann und wie darf ich die Bilder verwenden? Und was ist eine Creative-Commons-Lizenz überhaupt?

Fotografien (auch Schnappschüsse, Grafiken und Zeichnungen) sind durch das Urhebergesetz geschützt und dürfen ohne Genehmigung nicht genutzt werden. Nicht nur der Fotograf ist gesetzlich vor willkürlicher Verwendung seines Fotos geschützt, sondern auch die Personen, die auf dem Foto zu sehen sind.

**Einfache Faustregel:**
Bilder von Personen dürfen nicht ohne deren Einverständnis verwendet werden!

**Vor jeder Nutzung von Bildern und Fotos muss man sich drei Fragen stellen:**
1. Ist der Urheber des Bildes mit der geplanten Nutzung einverstanden?
2. Ist die auf dem Foto abgebildete Person mit der Veröffentlichung (im Internet oder anderswo) einverstanden?
3. Entspricht das Bild den Bedingungen der entsprechenden Social-Media-Plattform?

**Grundsätzlich gilt:**
Selbsterstellte Bilder sind am rechtssichersten, da hier nur die Punkte zwei und drei zu beachten sind.

Das Urheberrecht kann also eine Hürde sein, wenn es um die Verbreitung von Inhalten im Internet geht. Diese Hürde lässt sich jedoch durch die Creative-Commons-Lizenzverträge zur rechtssicheren Verbreitung digitaler Inhalte umgehen.

**Was sind die Creative Commons (CC)?**
Das CC-Prinzip beruht auf dem Gedanken des kostenfreien Teilens von Inhalten im Internet. Die CC-Lizenz ist ein Baukastensystem aus vier Rechtsmodulen, die jeweils durch Symbole gekennzeichnet sind. Durch Kombinationen dieser Rechtsmodule entstehen die Lizenzmodelle der CC-Lizenzen. Sie geben die Bedingungen an, unter denen ein Foto veröffentlicht werden kann.

- BY = Namensnennung: Du kannst das Bild verwenden, wenn du den Namen des Urhebers angibst und mindestens die Lizenz verlinkst.
- NC = Nicht kommerziell: Mit der Verwendung des Bildes darf kein kommerzieller Zweck (Werbung) verfolgt werden.

- ND = Keine Bearbeitung: Das Bild darf nur im Originalzustand verwendet werden.
- SA = Weitergabe unter gleichen Bedingungen: Wenn du das Bild veränderst, darfst du es nur unter derselben Lizenz wie das Original verbreiten.

Bei der Verwendung von CC-Lizenzen kannst du sicher sein, dass die Werke unter den genannten Bedingungen geteilt werden dürfen. Ganz wichtig: Creative Commons bedeutet nicht, dass die Bilder gemeinfrei sind. In jedem Fall muss mindestens der Autor bzw. Urheber genannt werden. Hier werden die Creative Commons ausführlicher erklärt:
→ creativecommons.org/licenses

Um Bilder oder andere Inhalte mit CC-Linzenz zu verwenden, gibst du einfach unter dem entsprechenden Bild bzw. Inhalt den Hinweis auf die jeweilige Art der CC-Lizenz an (z.B. „CC-BY-SA") und verlinkst damit auf die Lizenzvertragsseite.

### Wo finde ich Bilder unter CC-Lizenz?

Du kannst die erweiterte Bildsuche von Google verwenden sowie von Flickr. Beide Dienste bieten einen Filter für die verschiedenen CC-Lizenzen an.

Hier findest du eine Sammlung von 15 Websites mit freien Stockfotos:
→ bootstrapbay.com/blog/free-stock-photos/

Kostenpflichtige Fotos findest du zum Beispiel bei: ClipDealer, Fotolia, Fotos kaufen oder Photocase.

Und nicht vergessen: Auf Nummer sicher gehst du, wenn du zusätzlich den Urheber namentlich auf dem Foto und nicht als gesonderten Text darunter nennst, dann geht der Hinweis auch beim Teilen des Bildes nicht verloren.

Hinweis:
Dieser Artikel ist keine Rechtsberatung im Sinne des Rechtsberatungsgesetzes, sondern dient als erste Orientierung.

## 2.3 Newsletter im Fokus

**Unterstützer informieren, motivieren und binden.**

*Anne Isakowitsch, SumOfUs*

Die E-Mail ist das älteste Instrument im Online-Campaigning und weiterhin unverzichtbar in der Kommunikation mit Unterstützern. Sei es, um auf Aktionen hinzuweisen oder um Spenden zu bitten – die E-Mail ist Königin! Denn E-Mails erreichen Menschen direkt, sie können persönlich zugeschnitten und ohne großen Aufwand verschickt werden. So kannst du Menschen kostenlos, kurzfristig und schnell mobilisieren. Nicht nur am Rechner, auch unterwegs auf Smartphones und Tablets lesen sie ihre E-Mails.

Die E-Mail ist auch für die Kampagnenorganisation SumOfUs das wichtigste Werkzeug, um Unterstützer zu mobilisieren, Druck auf Entscheidungsträger auszuüben und Spenden zu sammeln. Wir haben in den letzten Jahren intensiv getestet, was am besten funktioniert, und haben gelernt:

1. **Jede E-Mail braucht eine klare Handlungsaufforderung.** Erliege nicht der Versuchung, mehrere Aufforderungen in eine E-Mail zu quetschen. Wenn du mehr als eine Aufforderung im Text unterbringst (zum Beispiel: „Unterzeichnen Sie die Petition und rufen Sie dann Ihren Bundestagsabgeordneten an!"), verwirrst du die Leser. Die Folge: Keine der erwünschten Handlungen wird durchgeführt. Besser: Wenn eine Handlung erledigt ist, eine E-Mail hinterherschicken, sich bedanken und den nächsten Schritt vorschlagen.

2. **Vertrau nicht deinem Bauchgefühl!** Es lohnt sich, Variablen wie die Betreffzeile zu testen. Denn egal wie gut eine E-Mail ist: Wenn die potenziellen Leser sie nicht öffnen, habt ihr verloren. Variiere deswegen die Länge und den Inhalt der Betreffzeilen, und teste sie mit Blick auf die Öffnungsraten der E-Mail. Wir haben gute Erfahrungen mit Betreffzeilen gemacht, die zum Beispiel nur den Namen der Firma enthalten („Monsanto"), gegen die wir protestieren. Auch andere Variablen im E-Mail-Körper – Farbe und Größe des Petitionsbuttons, Schriftart und Nutzung von Bildern – solltest du testen (mehr zu A/B-Tests, Seite 162).

3. **Der erste Satz muss kurz und knackig sein.** Die Leserin gibt dir wenig Zeit, ihr Interesse zu wecken. Komm deshalb sofort zum Punkt. „Firma XY zerstört die Heimat von Orang-Utans" ist besser als: „Im letzten Jahr hat eine große Baufirma die Erlaubnis erhalten, große Teile des Regenwalds abzuholzen. Dadurch ist der Lebensraum vieler seltener Tierarten, unter anderem des Organ-Utans, akut gefährdet."

4. **Die E-Mail muss schnell lesbar sein.** Mit jedem schwer lesbaren Satz verlierst du Leserinnen. Vermeide lange Sätze und Fremdwörter. 12 Wörter pro Satz sind ein guter Maßstab. Markiere wichtige Wortgruppen fett, damit beim Überfliegen der E-Mail die wichtigen Informationen ins Auge fallen. Die Handlungsaufforderung kann gern wiederholt werden.

5. **Sei kein Roboter!** Deine Sprache sollte die Mitglieder direkt ansprechen. Stell dir beim Schreiben eine konkrete Person vor. Es ist auch wichtig, dass du deine Newsletter-Abonnenten gut kennst (Altersdurchschnitt? Bildungsgrad? Geschlechterverteilung?). Wenn die Leserinnen in erster Linie Frauen um die 60 sind, solltest du keine Jugendsprache verwenden und Kraftausdrücke vermeiden. Es kann hilfreich sein, wenn der Newsletter eine echte Person als Absender hat, die bei euch arbeitet. Ein Gesicht zum Absender ist hilfreich. Menschen reagieren besser auf Menschen als auf: „Herzliche Grüße von deiner Orang-Utan-Organisation".

6. **Was ist die „Crisitunity"?** Homer Simpson hat dieses Wort erfunden – es ist eine Mischung aus „Crisis" (Krise) und „Opportunity" (Chance). Um deine Abonnenten zum Handeln zu motivieren, sollte der Newsletter zugespitzt das Problem formulieren und eine konkrete Lösung bieten. Noch besser ist, wenn du vermitteln kannst, dass schnelles Reagieren wichtig ist, um die Krise zu verhindern.

7. **Du brauchst eine „Theory of Change".** Das heißt, dass du dem Leser zeigst, wie sein Engagement den Status quo verändern kann – auch wenn es nur der erste Schritt in einem langen Kampf ist. Wichtig ist, dass die Handlung dem Problem angemessen ist. Ein Klick auf einer Unterschriftenliste wird den globalen Klimawandel nicht stoppen. Was konkret der Klick bewirken kann, solltest du darstellen.

**8. Don't say it, show it!** Nutze anschauliche Sprache. Das Ziel ist, dass beim Lesen ein Bild im Kopf entsteht. Du willst die Emotionen der Leser ansprechen. Denn Emotionen führen dazu, dass Menschen handeln. Mit einer Aufzählung von Fakten erreichst du eher das Gegenteil. Hast du ein gutes, eindrückliches Foto, solltest du es verwenden.

**9. Nutze ein PS (Postskriptum).** Tests haben ergeben, dass Leser ein PS am Ende häufiger lesen als den E-Mail-Inhalt an sich. Wiederhole im PS zum Beispiel die Handlungsaufforderung, um die Conversion zu erhöhen. Aber Vorsicht: Verwende diesen Trick nicht zu häufig. Fühlt sich der Leser genervt, reagiert er nicht mehr.

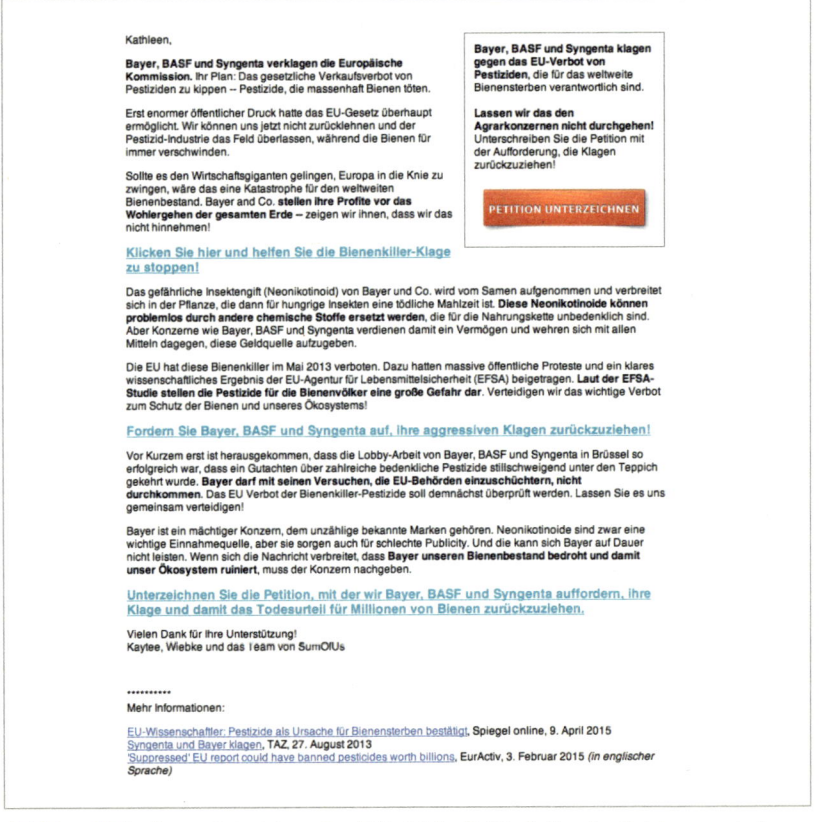

**Abbildung 12:** In diesem Beispiel von SumOfUs ist der Call to Action deutlich hervorgehoben und wird mehrfach wiederholt.

 **Save the Children** **news**letter

Juli 2015

**FLÜCHTLINGSKRISE IN EUROPA**

→ **HELFEN SIE JETZT**

Jedes Kind hat ein Recht auf ein sicheres Zuhause. Doch die Realität sieht anders aus. Täglich zwingen Krieg, Hunger oder andere Katastrophen tausende Kinder und ihre Familien weltweit zur Flucht aus ihrer Heimat.

In der letzten Woche gab das Flüchtlingshilfswerk der UN bekannt, dass allein aus Syrien inzwischen mehr als vier Millionen Menschen geflüchtet sind – die Hälfte von ihnen sind Kinder. Die meisten Familien fliehen innerhalb ihres eigenen Landes oder suchen Schutz in den direkten Nachbarländern. Auf der Suche nach einem Leben in Sicherheit und Würde begeben sich jedoch auch immer mehr Menschen nach Europa.

Dabei wagen viele syrische Familien wie auch Flüchtlinge aus anderen Krisenregionen den gefährlichen Weg über das Mittelmeer. Oft ist es eine Reise auf kaum seetüchtigen Booten, die viele nicht überleben. Allein in diesem Jahr ertranken bei der Überfahrt bereits 1.750 Menschen.

Save the Children leistet Nothilfe für Flüchtlingsfamilien auf der ganzen Welt. Auch in Europa sind unsere Teams im Einsatz, u.a. auf den italienischen Inseln Lampedusa und Sizilien sowie den Regionen Kalabrien und Apulien. Kinder, die es bis hierher geschafft haben, benötigen geeignete Unterkünfte, und einen Zugang zu Gesundheitsdiensten und dem Bildungssystem. Zudem braucht es legale Wege für Flüchtlinge nach Europa, damit weniger Familien den riskanten Weg per Boot wagen.

**Vielen Dank, dass Sie unsere Arbeit für Kinder in Not unterstützen!**

Ihre

*Kathrin Wieland*

Kathrin Wieland | Geschäftsführerin von Save the Children Deutschland e.V.

**Einsatz für Flüchtlinge in Italien**
Save the Children ist in Italien im Einsatz und leistet dringend benötigte Nothilfe für ankommende Flüchtlinge. Erfahren Sie mehr über unsere Arbeit vor Ort in unserer Fotogeschichte.

mehr >

 → **JETZT SPENDEN**

Spendenkonto: 929
BLZ: 100 205 00
Bank für Sozialwirtschaft

IBAN:
DE92 1002 0500 0003 2929 12
BIC:
BFSWDE33BER

Abbildung 13: Save the Children hat für diesen Newsletter ein gutes Teaser-Foto mit deutlichem Spendenaufruf gewählt. Schön ist auch der personalisierte Absender mit Unterschrift.

# Tools für den Newsletter-Versand
*Franziska Kreische, betterplace lab*

Es gibt zahlreiche Newsletter-Tools, viele von ihnen sind sogar kostenlos. Welches der Tools du wählst, hängt davon ab, wofür du es nutzen möchtest. Sollen deine Newsletter besonders schön aussehen? Willst du Spendenaufrufe automatisiert aus Word oder Outlook verschicken? Wir stellen dir drei Tools vor, die wir bei betterplace.org regelmäßig benutzen und für ihren jeweiligen Zweck für besonders geeignet halten.

## MailChimp

Lohnt sich, wenn man Wert auf professionelles Aussehen der E-Mail legt. Außerdem ist es charmant gestaltet und sehr nutzerfreundlich.

**Features u. a.:**
- Hübsche Basis-Templates, die nach Wunsch umgestaltet werden können
- Personalisierung des Newsletters, A/B-Testing, zeitgesteuerter Versand, automatische Verbreitung des Newsletters via Facebook und Twitter
- Newsletter-Abo-Widget kann einfach in die eigene Website eingebunden werden
- Segmentierung von Empfängern, Import aus verschiedenen Systemen (Excel, Highrise)
- Umfassende statistische Auswertungen (Öffnungsrate, Klickrate allgemein und pro Link, Bounce-Rate, Anzahl der An-und Abmeldungen nach Versand, Länderauswertung)
- Verknüpfung mit weiteren Auswertungssystemen wie Google Analytics möglich

**Nachteile:** bisher nur englische Benutzeroberfläche; kritische Datenschutzlage, denn Server befinden sich in den USA.

**Preis:** kostenlos bis max. 2.000 Empfänger und 12.000 Mails pro Monat.

## CleverReach

Dieses Newsletter-Tool aus Deutschland ist einfach zu bedienen und verfügt über einen sehr freundlichen und hilfsbereiten Support-Dienst. Es ist das Newsletter-Programm mit den umfangreichsten Datenschutz-Richtlinien und lohnt sich für jeden, der Zeit und Muße hat, die voreingestellten Templates zu verbessern.

**Features u. a.:**
- Einfache Basis-Templates, die selbst umgestaltet werden können
- Personalisierung, A/B-Testing, zeitgesteuerter Versand

- Einfaches Einbinden von CleverReach in WordPress-Seiten und viele andere
- Segmentierung von Empfängergruppen, Import aus versch. Systemen (Salesforce, SugarCRM)
- Detaillierte Statistiken und Reports ermöglichen umfangreiche Auswertungen

**Nachteil**: Nur wenige der angebotenen Templates sind responsive, der Look ist etwas trocken

**Preis:** kostenlos für bis zu 250 Empfänger und 1.000 E-Mails pro Monat, über www.stifter-helfen.de kann man sich für einen kostenlosen Sondertarif bewerben.

### Mail Merge

Ist kein klassisches Newsletter-Tool, sondern erstellt Serienbriefe aus Google Sheets, Microsoft Outlook und Word. Eignet sich für einfache, automatisierte, aber personalisierte E-Mails, die schnell an eine bestimmte Zielgruppe verschickt werden sollen.

**Features u.a.:**
- Personalisierung, Platzhalter für Autotext (ähnlich wie im Serienbrief), Testmails möglich
- Export der Empfänger aus Tabellen und Programmen, die sowieso regelmäßig in Verwendung sind

**Nachteile:** Entwurf des Newsletters muss bei Google Mail erstellt und versendet werden (kein anderes E-Mail-Programm); Änderung der Absender-Adresse schwierig.

**Preis:** 100 E-Mails am Tag sind umsonst.

## Den Erfolg von Newslettern messen nicht vergessen!

Ist der Newsletter verschickt, kannst du dich erstmal zurücklehnen. Aber nur kurz, denn dann geht es an die Auswertung. Je mehr du über den Erfolg deines Newsletters erfährst, desto mehr kannst du für zukünftige Aussendungen verbessern. Das Auswerten von Newslettern kann eine Wissenschaft für sich sein. Angefangen bei A/B-Tests der Betreffzeile bis hin zu ausgeklügelten Empfängersegmenten. Die folgenden Indikatoren sind zunächst die wichtigsten.

**Öffnungsrate:** Gibt Auskunft darüber, wie viele Leser deinen Newsletter überhaupt geöffnet haben oder wo er ungeöffnet im „Papierkorb" gelandet ist. Vorsicht, geöffnet heißt nicht gelesen.

**Klickrate:** Zeigt an, welche Links der Leser wie oft geklickt hat. Enthält dein Newsletter mehrere Informationen oder Calls to Action, bekommst du nun ein Bild davon, was die Leserin am interessantesten fand.

**Aktionsrate:** Wie viele Leser haben nicht nur den entsprechenden Link geöffnet, sondern im Anschluss auch wirklich gespendet oder eine Petition unterzeichnet? Eine gekoppelte Auswertung von Spenden- oder Petitionsformular und Newsletter-Versand gibt darüber Auskunft – den entsprechenden Auswertungsvorgang muss man vor Versand des Newsletters einrichten. Viele Newsletter-Tools bieten diese Funktion an (oft unter dem Titel Conversion-Tracking oder E-Commerce-Rate).

**Kündigungsrate:** Welcher Newsletter hat negative Reaktionen ausgelöst? Haben mehr als 0,2 Prozent deiner Empfänger den Newsletter gekündigt, dann solltest du genau hinschauen. Einen Newsletter kündigt nur, wer genervt oder extrem gelangweilt ist.

**Bounces:** Ein sauberer Newsletter-Verteiler ist wichtig. Kommen viele deiner E-Mails zurück (Bounces), weil der Empfänger nicht zu erreichen ist, kann das Auswirkungen auf die Bewertung deines Newsletters durch die E-Mail-Provider haben. Sprich: Du landest im Spam-Ordner.

*Ein kleiner Exkurs zur Betreffzeile*
*Die Betreffzeile sollte:*

- *nicht länger als 40 Zeichen sein;*
- *den Inhalt auf den Punkt bringen;*
- *trotzdem neugierig machen (nicht: Vereinsnachrichten Nr. 4);*
- *ihr Versprechen auch halten;*
- *keine Fehler aufweisen.*

*Übrigens: Emoticons im Betreff erhöhen die Öffnungsrate.* ☺

# 2.4 Journalisten informieren

**So gelingt die Pressemitteilung.**

*Leonie Gehrke, betterplace.org*

Ein klassisches Werkzeug, mit dem du auf deine Organisation aufmerksam machen kannst, ist die Pressemitteilung. Dabei ist egal, ob du sie per Fax, E-Mail oder Brief verschickst: Der Versand allein ist keine Publikationsgarantie. Im Gegenteil, Journalisten sind sogenannte Gate-Keeper. Sie entscheiden, welche Informationen sie veröffentlichen. Wer aber ein Gespür für Themen entwickelt und journalistische Standards beachtet, der kann Medien zu Multiplikatoren für die gute Sache machen.

### Der Aufbau

Eine gute Pressemitteilung beantwortet alle W-Fragen im ersten Absatz! Was tut wer, wann, wo, wie und warum? Generell gilt: Das Wichtigste zuerst, eher Unwichtiges zum Schluss. Journalisten können so zum Ende hin einfacher kürzen. Überhaupt: Kürzer ist besser. Deine Pressemeldung sollte möglichst auf eine Seite passen.

### Lebendigkeit

Gute Zitate sind wichtig, sie machen deine Meldung lebendig. Zitiere nicht nur deinen Vereinsvorstand – auch Begünstigte deiner Arbeit (z. B. Kinder) sollten zu Wort kommen. Das kurze Statement eines Prominenten (Testimonial) sorgt für Aufmerksamkeit, der Hinweis eines Experten stützt deine Aussage und sorgt für Glaubwürdigkeit. Wichtig ist auch gutes Bildmaterial, das den Inhalt der Nachricht verstärkt (mehr zu guten Bildern auf Seite 56). Vermeide verschachtelte Sätze und Fachbegriffe, sie erschweren den Lesefluss. Worthülsen, interne Abkürzungen und stark ausschmückende Adjektive bitte auch vermeiden.

### Versand per E-Mail

Pressemitteilungen werden als kopierbares PDF (nicht in einem offenen Format wie dem DOC-Format von Word) verschickt. Wer große Verteiler hat, kann auf verschiedene Softwareanbieter (wie MailChimp oder CleverReach) zurückgreifen. Große Anhänge (mehr als 4 MB) wirken nicht nur unprofessionell, sondern werden oft nicht durchgestellt. Besser einen Link mit Downloadmöglichkeiten zu hochaufgelösten Bildern (300 dpi) bereitstellen.

**Der Verteiler**

Der Erfolg deiner Pressemitteilung hängt vom Verteiler ab. Welche Zeitungen, Ressorts oder Blogs interessieren sich für deine Themen? Wer ist der zuständige Redakteur? Unbedingt gut recherchieren und persönlich kontaktieren! E-Mails an allgemeine Redaktionsadressen werden oft nicht weitergeleitet. Richte dir eine Tabelle oder Datenbank ein, die du mit aktuellen Adressen pflegst und wo du vermerkst, wer wann welche Meldung bekommen hat und ob sie veröffentlicht wurde.

**Boilerplate**

Eine Pressemitteilung schließt mit der Boilerplate, das ist eine Kurzfassung über den Absender („Über Superverein e. V."). In wenigen Sätzen lieferst du damit Hintergrundinfos über deine Organisation, die zur Einschätzung dienen und nicht selten die Relevanz der Mitteilung bestimmen. Und nicht vergessen: Unter jede Pressemitteilung gehören ein fester und erreichbarer Pressekontakt und natürlich deine Internetadresse.

*Hier ein Beispiel für eine Boilerplate aus einer Pressemeldung der Sozialhelden:*

*Die SOZIALHELDEN sind eine Gruppe engagierter Menschen, die seit 2004 gemeinsam kreative Projekte entwickeln, um auf soziale Probleme aufmerksam zu machen und sie im besten Fall zu beseitigen. Mehr Informationen unter www.sozialhelden.de.*

# Pressemitteilung

## „Fühlen lassen"
### DKMS startet mit neuer überraschender Registrierungskampagne

Tübingen, 06.07.2015 – „Fühlen lassen" – die neue crossmediale Kampagne der DKMS sorgt ab sofort bundesweit für Aufmerksamkeit, in dem sie Nicht-Betroffene nachempfinden lässt, welche Gefühlsachterbahn Blutkrebspatienten durchleben. Die Botschaft: Blutkrebs kann jeden treffen, plötzlich und unvermittelt. Ziel ist die Steigerung der Neuaufnahmen potenzieller Stammzellspender in die Datei, um so noch mehr Lebenschancen für Patienten weltweit ermöglichen zu können.

Schock, Angst, Verzweiflung, Wut, Trauer, Hoffnung – Emotionen, die Blutkrebspatienten nach der Diagnose durchleben. Diese sollen mit der neuen Kampagne für Jedermann nachvollziehbar und erlebbar gemacht und dadurch die Abstraktheit und Distanz zu der lebensbedrohlichen Krankheit minimiert werden. Dafür werden Personen in nachvollziehbaren Situationen portraitiert und dann in einen gänzlich unerwarteten Kontext gesetzt: die Suche des Patienten nach einem lebensrettenden Stammzellspender.

„Mit der Kampagne Fühlen lassen, die den Betrachter im besten Fall bewegt und nicht mehr loslässt, schaffen wir Awareness und die nötige Emotionalität, sich mit unserem Thema auseinanderzusetzen und sich als Stammzellspender zu registrieren. Die Herausforderung lag darin, eine Kampagne zu entwickeln, die das Potential zur langfristigen Plattform hat und trotzdem für alle Kanäle und kurzfristige Sonderaktionen zielgruppenspezifisch angepasst und weiterentwickelt werden kann", sagt **Sabine Freude**, Head of Marketing.

*Kennst Du das, einfach nicht den Richtigen zu finden? Download hier.*   *Kennst Du das, sehnlichst auf jemanden zu warten? Download hier.*   *Kennst Du das, wenn aufgeben keine Alternative ist? Download hier.*

Der bereits durch die letzte Kampagne etablierte Aufruf zur Registrierung „Mund auf. Stäbchen rein. Spender sein." bleibt auch in dieser Kampagne erhalten. Zielt er doch darauf ab zu verdeutlichen, wie einfach eine Registrierung als potenzieller Stammzellspender ist.

**Abbildung 14:** Hier siehst du die erste Seite einer Pressemitteilung der DKMS. Alle wichtigen Elemente sind vorhanden: Logo, Überschrift, Teaser und Bebilderung. Die komplette Pressemitteilung (sie ist zwei Seiten lang) findest du unter diesem Link: → bit.ly/1VOEIYA

# 2.5 Souverän auf Kritik reagieren

## Wenn Kommentare unfreundlich werden.

*Paul von Ribbeck, Peng!-Kollektiv*

*Eine Online-Kampagne soll Aufmerksamkeit generieren, die Nutzerinnen berühren und inhaltlich überzeugen. Dass dabei auch kritische Reaktionen entstehen, ist natürlich. Und wenn man arg polarisiert oder einen groben Fehler macht, kann die Kritik auch überhandnehmen. Doch wie geht man damit um?*

**Es lassen sich drei Arten der Kritik unterscheiden:**
**Offene Skepsis und Verständnisfragen interessierter Nutzer.** Diese Art der Kritik ist gut und wichtig. Vielleicht hast du tatsächlich eine dumme Idee gehabt? Kein Konzept ist perfekt. Zeige Verständnis und geh auf die Kritik ein. Zeige der Online-Community, dass du es schätzt, wie sie sich mit dem Thema auseinandersetzt. Nutze die Gelegenheit, dein Anliegen besser zu erklären und Verständnis dafür zu schaffen, wie diese Ideen, Forderungen und Positionen entstanden sind. Manchmal sind die Gegenargumente auch so gut, dass du deinen Ansatz ändern möchtest – lege diese Entscheidung aber offen und versuche nicht, die vorangegangenen Fehler zu verstecken. Das zeugt von Souveränität und Offenheit einem kritischen Publikum gegenüber.

Natürlich gibt es auch intelligente Kritik, die aus Grundüberzeugungen entsteht, die du nicht teilen musst. Dann beziehe auch dazu Position und zeige diese unterschiedlichen Grundannahmen auf. Deutliche Position zu beziehen bedeutet, sich angreifbar zu machen – auch das ist souverän und sympathisch. Dein Ziel sollte nicht sein, allen zu gefallen.

**Strategische, diffamierende Kritik.** Das kommt eher selten vor, doch gerade in politischen Kampagnen hat man von vornherein Gegner. Erkennst du anhand der Absender oder der Fragestellung einen strategischen Hintergrund, steht nicht selten ein gegnerisches PR-Team mit juristischer Unterstützung dahinter. Lass dich dann ebenfalls juristisch beraten und gehe vorsichtig vor. Frage nach, woher die Anfrage kommt. Zeige Dialogbereitschaft und locke die Strategen aus der Reserve. Meistens hat sich das dann auch schon erledigt. Sollte es eine gegnerische Gruppe sein, die von deiner Kampagne direkt betroffen ist, kann das aber auch nutzen: Lade sie zu einer Podiumsdiskussion ein und debattiere die verschiedenen Grundfragen.

**Das Ungeziefer des Internets sind die sogenannten Trolle.** Damit sind Kommentare und Reaktionen von Personen gemeint, die allein darauf abzielen, deine Organisation zu diffamieren. Nicht als Strategie, sondern als Selbstzweck. Prinzipiell gilt: Ignoriere Trolle, reagiere nicht auf sie. Du kannst beispielsweise entsprechende Nutzer blockieren oder Kommentare löschen, wenn möglich. Denn: Die eigene Website oder Spendenkampagne ist keine Spiegelung der pluralistischen Gesellschaft mit garantierter Meinungsfreiheit. Es ist ethisch überhaupt kein Problem, Leute zu blocken und rauszuschmeißen, die einen nur nerven wollen oder gar chauvinistischen Blödsinn schreiben. Lass dich in keinem Fall beunruhigen oder ärgern.

Die Angst von Organisationen, die sich mit Onlinekommunikation nicht gut auskennen, kommt oft daher, dass sie das Gefühl haben, alles bleibt für immer online und alles geht viel zu schnell. Das mag stimmen. Doch das ist halb so wild! Ein entspannter und souveräner Ton in der Reaktion schafft schnell Vertrauen in eure Kommunikation. Natürlich ist das eine grobe Verallgemeinerung und hängt vom Thema und der Schwere der Kritik ab.

Ein Wort noch zum Stil. Prinzipiell solltest du auf Kritik seriös und respektvoll reagieren. Ironie ist eine rhetorische Königsdisziplin und in einer Kommunikations-Krise nicht pauschal zu empfehlen. Wenn eure Organisation für Ironie und Humor bekannt ist, kannst du es wagen, doch unterschätze nicht, wie Aussagen aus dem Kontext gerissen und gegen dich verwendet werden können.

*Nicht vergessen:*

- *Frage dich zunächst, welche Art der Kritik vorliegt. Ist es eine Verständnisfrage? Wird ein konstruktiver Vorschlag gemacht? Liegen verschiedene Grundhaltungen vor? Ist die Kritik ein strategischer Winkelzug der Gegner? Wurdest du von einem Troll attackiert?*
- *Reagiere entsprechend der Art der Kritik. Gelassenheit ist immer gut. Konstruktive Vorschläge solltest du annehmen. Denke daran, Entscheidungen und auch vorangehende Fehler transparent zu kommunizieren.*
- *Vorsicht mit Ironie. Sie sollte nur Verwendung finden, wenn du sicherstellen kannst, nicht aus dem Kontext zitiert zu werden.*
- *Der beste Schutz gegen heftige Kritik ist eine gute Idee. Hole dir daher so früh wie möglich Feedback.*
- *Achte auf gute Erreichbarkeit. Unbeantwortete, aber sinnvoll-kritische Kommentare wirken sich negativ auf dein Image aus.*

# SOCIAL MEDIA
## IN SOZIALEN NETZWERKEN BEWUSSTSEIN FÜRS PROBLEM SCHAFFEN UND INTERESSENTEN BINDEN

Soziale Medien sind „the place to be". Fast jeder ist täglich auf Facebook, und mit einem Film auf YouTube kannst du bei minimalen Kosten so viele Leute erreichen wie im Fernsehen – wenn der Film gut ist. Wie du Social Media managst, dabei souverän bleibst und das Potenzial der Viralität nutzt, erfährst du in diesem Kapitel. Denn Facebook, Twitter und Co. eignen sich gut, um Interessenten zu binden. Damit gehst du den zweiten Schritt im Spenderloyalitätszyklus.

Interessenten binden

# 3.1 **Menschen da abholen, wo sie sind**

## Warum Social Media im Kommunikationsmix deiner NPO nicht fehlen dürfen.

*Ulrich Schlenker, Oxfam Deutschland*

*Unterstützer sind wertvoll. Und zwar nicht nur, weil sie für deine Organisation spenden, sondern weil sie deine Botschaft verbreiten, dich bei Aktionen unterstützen und ihr Wissen und ihre Begeisterung für deine Arbeit weitergeben. Um Unterstützer zu binden und zu begeistern, muss die Geschichte, die deine Organisation erzählt, da anfangen, wo die Unterstützer sind. Denn eine langfristige Beziehung zu einem Unterstützer aufzubauen gelingt nur, wenn Organisationen ihn ganzheitlich betrachten, als jemanden, der mehr bringt als eine Spende. Das funktioniert nur, wenn die Kommunikation durchdacht und strukturiert ist. Und über verschiedene Social-Media-Kanäle hinweg persönlich und authentisch bleibt.*

Unterstützer bringen deiner Organisation Geld – durch Einmalspenden und Dauerspenden. Das ermöglicht Planungssicherheit. Bekannte Organisationen haben es dabei leichter, sie profitieren von ihrem Image. Weniger bekannte Vereine müssen mit anderen Aspekten punkten, damit aus einem zufriedenen Unterstützer ein dauerhafter Förderer wird. Social Media hilft dabei.[1]

Unterstützer verschaffen einer Organisation aber auch Legitimität – das ist besonders bei politischen Kampagnen wichtig. Man zeigt: Seht her, wir sind viele! Ein meist ungehobener Schatz in vielen Organisationen sind die Ideen und Fähigkeiten der Unterstützer. Doch wer Unterstützer frühzeitig einplant und sie nach ihrer Meinung fragt, wird mit seinen Aktionen ankommen und kann sie zu Multiplikatoren machen. Denn die eigenen Unterstützer sind der beste Werbekanal.

Bislang war das Patentrezept: Spendenbriefe und Jahresberichte mit Überweisungsträger verschicken, telefonisch um Daueraufträge bitten, persönliche Gespräche führen, Treffen arrangieren. Und am Ende hat der Spender in seinem Testament die Organisation bedacht. Das Modell heißt Spenderpyramide oder Engagement-Leiter (siehe Seite 9), und je höher die Stufe, desto größer der Aufwand für die Organisation. Oben gibt es weniger Spender, aber größere Spenden.

Dieses Modell verändert sich. Man geht heute nicht mehr von einem linearen, statischen Pyramiden-Modell aus, sondern bspw. von einem Wirbelmodell(→www.betterplace-lab.org/de/blog/wirbel-statt-pyramide-spender-engagement-neu-gedacht). Die Zahl der Wege, durch die Menschen mit Organisationen in Kontakt kommen, hat sich durch die Digitalisierung enorm vergrößert. Und mit der Demokratisierung der Kommunikation im Social-Media-Zeitalter haben sich auch die Erwartungen der Unterstützer verändert. Viele wollen nicht auf die Rolle des Geldgebers reduziert werden. Sie wollen mit anpacken, sich mit anderen Engagierten treffen und einen konkreten Beitrag leisten. Sie haben auch keine Scheu davor, zu einer anderen Organisation zu wechseln, wenn ihre Erwartungen dort besser erfüllt werden. Lebenslange Mitgliedschaften sind ein Phänomen des letzten Jahrhunderts. Entsprechend müssen Organisationen passende Angebote machen und durchdachte „Konvertierungs-Pfade" entwickeln. Eine Umfrage des Spendensoftware-Anbieters Blackbaud hat gezeigt, welche Rolle Social Media fürs Spenden spielen können: 55 Prozent der befragten Onlinespender der Generation Y (ab 1980 Geborene) gaben an, einer sozialen Organisation via Social Media zu folgen. Und 34 Prozent dieser Altersgruppe sammeln hier aktiv Spenden für soziale Organisationen.[2]

**Strukturierte Kommunikation – auch in den Sozialen Medien**

Social-Media-Kanäle sind ein guter Ausgangspunkt für den Aufbau einer langfristigen Beziehung zu deinen Unterstützern. Hier kommen sie zusammen, sie sind deine Community im Social Web. Wichtig ist, deine Community kennenzulernen und besonders engagierte Unterstützer zu identifizieren. Das geht nur bedingt mit technischer Unterstützung und Suchfunktionen: Hier führt kein Weg am Mitlesen vorbei, um im Blick zu haben, wer die eigenen Posts weiterverbreitet und sich an Diskussionen beteiligt. (Kostenfreie Tools können aber helfen: Bei Twitter geben Tweetreach[3] oder Followerwonk[4] einen Einblick in die eigene Followerschaft. Für Admins von Facebook-Seiten gibt es das Add-on „Facebook für Community Manager"[5], das auf Knopfdruck das gesamte „Engagement" des jeweiligen Unterstützers listet.

Um den Überblick zu behalten, solltest du deine Unterstützer organisieren: folge ihnen ebenfalls auf Twitter, füge sie einer Twitterliste oder einem Kreis bei GooglePlus hinzu, gründe eine „Unterstützer-Gruppe" bei Facebook, wie es bspw. Oxfam[6] oder die Kindernothilfe[7] machen. In solchen

Gruppen kannst du die Unterstützer direkt(er) ansprechen und mit speziellen Inhalten von „hinter den Kulissen" versorgen. Vor allem können sich Unterstützer untereinander austauschen, Mitstreiter für Projekte suchen und selbst Inhalte posten. Das schafft Nähe und Vertrauen.

Arbeitet man als Team und will das gemeinsame Wissen organisieren, bieten kommerzielle Tools wie Hootsuite, Some.io oder Facelift Möglichkeiten, Kommentare zu hinterlassen und Aufgaben zuzuweisen (siehe Seite 68).

Warum es für die Mobilisierung später wichtig ist, seine Unterstützer genau zu kennen, hat Alexander Coppock für Twitter untersucht[8]: Im Experiment rief ein Forscherteam zur Unterschrift für eine Online-Petition auf – einmal per Direktnachricht, einmal in einem öffentlichen Tweet. Der normale, öffentliche Tweet hatte überhaupt keinen Effekt, die Direktnachrichten waren viel erfolgreicher. Das zeigt: Die Anzahl der Follower kann noch so groß sein, Qualität (also der direkte Kontakt) schlägt Menge.

**Sich von den Plattformen Dritter unabhängig machen – mit Newslettern**

Hast du deine Community gefestigt und gut kennengelernt, solltest du sie dazu bringen, Deinen Newsletter zu abonnieren – und so unabhängig von den Plattformen Dritter werden. Denn mit einem Newsletter könnt und dürft[9] ihr Unterstützer jederzeit anschreiben, ohne auf Facebook & Co. angewiesen zu sein. Viva Con Agua geht mit dem „Supporter-Pool"[10] sogar noch einen Schritt weiter. Sobald ein Unterstützer den Newsletter abonniert hat, kannst du die nächste Stufe der Unterstützerkommunikation zünden. Egal ob man es User Journey oder Welcome Cylce nennt, attraktive Engagement-Angebote sollten folgen.

Am Anfang steht der Dank für eine Unterschrift oder Spende. Bedanke dich persönlich und aufrichtig. Die nächste E-Mail könnte die Bitte beinhalten, einen Link zu teilen. Schließlich fragst du einige Tage später, ob der Unterstützer eure Arbeit nicht mit einer (weiteren oder Dauer-) Spende unterstützen möchte. Einem Online-Spender schickst du nach einiger Zeit einen Bericht darüber, was mit seiner Spende erreicht wurde – und bittest um eine regelmäßige Spende. Wichtig: immer nur ein „Call to Action" pro E-Mail. Fall nicht mit der Tür ins Haus, mach zunächst niederschwellige Angebote für weiteres Engagement (z. B. ein Video ansehen oder an einer Umfrage teilnehmen). So erfährst du mehr über eure Unterstützer und bindest sie ein. Einen solchen Ansatz verfolgt bspw. PETA. Die Tierschutz-Organisation sammelt bereits über 40 Prozent ihrer Spenden online und hat eine ausgeklügelte Newsletter-Strategie:

„Wir verschicken drei E-Mails im Monat, im Dezember sind es mindestens vier. Die erste E-Mail ist ein klassischer E-Mail-Newsletter. Der Empfänger wird über alles Neue informiert und darüber, welche Highlights auf der Webseite zu finden sind. Schwerpunkt dieses Online-Kanals liegt in der Information des Spenders, nicht im Generieren von Spenden. In der Monatsmitte verschicken wir eine E-Mail mit einem Spendenaufruf." Dr. Matthias Lehmann, Manager of Direct Response Fundraising bei PETA Deutschland e.V. [11]

**Testen nicht vergessen**

Um gute Resultate mit euren Newslettern zu erzielen, solltest du die Klickraten und Abmeldungen vom Newsletter im Blick behalten. Verändere den zeitlichen Abstand der E-Mails und probiere verschiedene Inhalte und Designs aus, um optimieren zu können.

Soll für viele Fälle, z.B. eine Petitions-Unterschrift, eine Spende oder eine allgemeine Newsletter-Anmeldung eine spezifische E-Mail-Sequenz verschickt werden, gilt es, den Überblick zu behalten und sicherzustellen, dass nichts durcheinander gerät. Es gibt zahlreiche Anbieter von E-Mail-Software, die solche E-Mail-Folgen automatisch versenden können, aber mit etwas Planung und Fleißarbeit kann man das auch manuell lösen.

Ist Kommunikation geplant, die über E-Mails hinausgeht, werden weitere Daten der Unterstützer gebraucht, bspw. die Postadresse. Grundsätzlich sollten – gerade am Anfang – nur Daten abgefragt werden, die wirklich gebraucht werden. Jedes zusätzliche Formularfeld senkt die Zahl derer, die ein Online-Formular abschicken. Fraglich ist auch, ob ein „Medienbruch", von Online- zu Offline-Kommunikation überhaupt sinnvoll ist. Für viele ist das, was im Briefkasten an der Haustür ankommt, eher lästig („Rechnung oder Werbung"). Auf jeden Fall muss der Mehrwert deutlich werden, den Unterstützer haben, wenn sie ihre Adresse preisgeben. Das können etwa relevante Informationen aus deren Nähe, Einladungen zu Unterstützer-Stammtischen, Aktions- oder Fundraising-Trainings sein. Solche Offline-Treffen können die Motivation von Unterstützern enorm steigern, wenn sie Gleichgesinnte treffen. Vorher muss die Organisation aber klären, ob das zur eigenen Strategie passt und es ausreichend Kapazitäten gibt. Gutes Unterstützermanagement kostet Zeit.

**Persönlich und authentisch**

Egal ob Social Media, E-Mail oder Brief: Auf allen Kanälen sollte die gleiche Art der Ansprache zu finden sein.

- Persönlich und authentisch: Eine Organisation besteht aus handelnden Menschen. Egal ob E-Mail-Newsletter oder Facebook-Nachricht, unterschreiben sollte nicht das „Team von Organisation XY", sondern ein Mitarbeiter mit seinem Namen.
- Wertschätzen: Frag Unterstützer nach ihrer Meinung. Zeig besonders engagierten Unterstützern, dass sie Euch besonders am Herzen liegen. Das bringt ein Gefühl der Wertschätzung.
- Fehler eingestehen. Kommuniziere offen und proaktiv, wenn etwas schief gegangen ist. Je nach Thema auch mit einem Augenzwinkern. Das wirkt authentisch und nimmt Nörglern den Wind aus den Segeln.
- Den Ton treffen: Sprich die Sprache deiner Unterstützer, ohne anbiedernd zu sein (fußballverrücktes, punkrock-liebendes Milieu [12] versus katholischer Jugendverband [13]).
- Nähe herstellen: Wenn Du Namen kennst, personalisiere Nachrichten. Eine E-Mail, die mit „Liebe/r Freund/in" beginnt, klickt man schneller weg.
- Kreativ sein: Wiederhol nicht alles, was die anderen machen. Das ist langweilig und am Ende sind die Organisationen für den Unterstützer austauschbar. Wage Neues, sei unverwechselbar, lass Deine Organisation ihren eigenen Weg gehen.
- Eine geplante Unterstützer-Kommunikation ist die Voraussetzung für einen langfristigen Beziehungsaufbau. Je passender die Angebote und die Ansprache sind, desto eher wird aus einem Facebook-Fan einer Organisation ein echter Freund des Hauses.

Zum Weiterlesen:

Weinberg, Tamar, Social Media Marketing – Strategien für Twitter, Facebook & Co, O'Reilly Verlag, 2014

Kanter, Beth, The Networked Nonprofit: Connecting with Social Media to Drive Change, Wiley&Sons, 2010.

# 3.2 Content-Strategie

## Social Media Kommunikation mit Weitsicht.

*Stephan Peters, betterplace lab*

*Als Organisation möchtest du Themen platzieren und frische Formate etablieren, um Aufmerksamkeit zu generieren und eine langfristige Bindung zu deiner Zielgruppe aufzubauen. Einzelne Kampagnen und Web-Initiativen sind dabei wichtige Bestandteile, doch können sie schnell an Reichweite und Überzeugungskraft verlieren. Deshalb bedarf es eines übergeordneten Plans, nach dem du Nutzern langfristig relevante Inhalte bereitstellen und die Organisation so permanent im Gedächtnis halten kannst. Du brauchst eine Content-Strategie.*

Mit einer Content-Strategie kannst du Online-Inhalte erstellen, verbreiten und verwalten und dabei die Wünsche und Erwartungen der Nutzer berücksichtigen. Das hilft dir und deiner Organisation, eure Ziele zu erreichen. Texte, Videos, Podcasts, Fotos, Infografiken etc. sind für soziale Organisationen wertvoll, denn sie verhelfen auf lange Sicht zu mehr Lesern, Nutzern oder sogar Spendern. Die Gleichung ist einfach: brauchbare und wertvolle Inhalte = zufriedene Nutzer = erfolgreiche Organisation.

**Erst die Planung, dann das Vergnügen**

Die Grundlage einer Content-Strategie sind Analysen, welche die Bedingungen außerhalb und innerhalb der Organisation beschreiben. Erst damit entwickelt der Content-Stratege einen Plan, wie die Organisation zukünftig im Web kommunizieren sollte. Das gilt für die eigene Website genauso wie für das E-Mailing oder den Social-Media-Kanal.

Beginne mit dem Content-Audit, dem kritischen Blick auf den Status quo. Welche deiner Inhalte werden bislang als richtig und relevant eingeschätzt? Relevant bedeutet, dass der Leser einen konkreten Nutzen aus den Inhalten ziehen kann; weil sie ihn mit neuen Informationen zu einem spannenden Thema versorgen oder weil ihn die Inhalte unterhalten.

Bei Facebook lässt sich die Relevanz der Inhalte beispielsweise einfach über die Interaktionsrate (inkl. Likes, Shares und Kommentare) der einzelnen Beiträge ermitteln. Ebenfalls lohnenswert ist der Blick über den Tellerrand: Worüber sprechen andere Organisationen mit ähnlichem thematischen Schwerpunkt? Welche Posts sind bei ihnen erfolgreich, welche nicht – und warum?

Bei der Wahl der Inhalte gilt es, immer sein Gegenüber vor Augen zu haben. Mit wem sprichst du? Bei dieser Zielgruppenanalyse sammelst du alle Informationen, an die du kommen kannst; sei es aus deiner Spenderkartei, dem direkten Unterstützerfeedback, Marktanalysen zum Spendenmarkt oder über die Social-Media-Kanäle. Um beim Beispiel Facebook zu bleiben: In deiner Statistik kannst du einiges bezüglich des Alters, des Geschlechts oder der Herkunft deiner Fans herausfinden. Auch weitere Informationen dazu, wann (Uhrzeit und Wochentag) sie üblicherweise online sind, solltest du berücksichtigen, um deine Reichweite zu erhöhen.

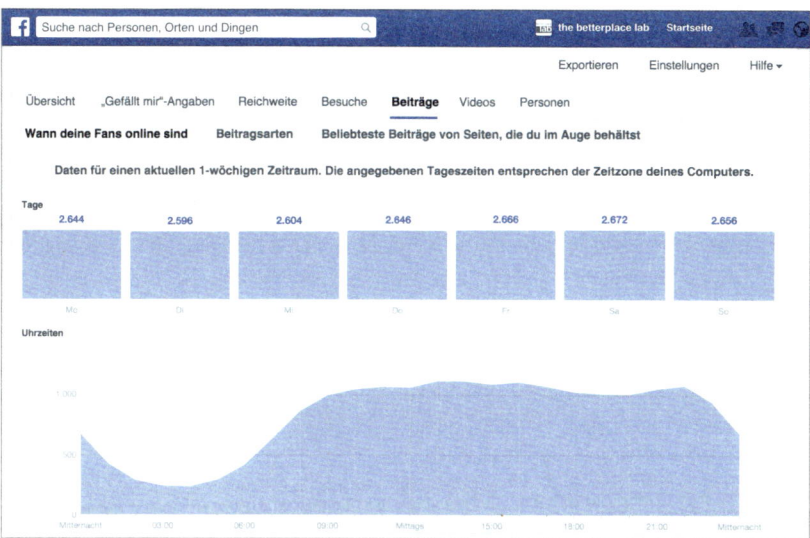

**Abbildung 15:** Statistik aus Facebook „Wann deine Fans online sind".

Wie und worüber du mit deiner Zielgruppe sprichst, hängt von deinen kommunikativen Zielen ab. Möchtest du zum Beispiel (Einmal-)Spender für dich gewinnen oder hast du es auf Ehrenamtliche abgesehen, die sich langfristig engagieren? Gleichzeitig gilt es festzulegen, wofür deine Organisation steht. Ist dir in der Kommunikation Nähe wichtiger oder Seriosität? Soll sich deine Organisation als Freund oder als Experte positionieren (was sich nicht ausschließen muss)?

Zusammengefasst sollte dir der Analyseteil bereits erste Antworten auf wichtige Kommunikationsfragen liefern: Wo erreichst du deine Zielgruppe (Kanal)? Was interessiert sie (Content)? Wie sprichst du mit ihnen (Tonalität)? Und wie positionierst du dich als Organisation (Image)?

**SOCIAL MEDIA**

## Inhalt und Verpackung

Eine gute Content-Strategie geht immer von den Inhalten aus: Bevor sich die Content-Strategin auf einen Verbreitungskanal oder das Webdesign festlegt, überlegt sie, welche Inhalte sie wie kommunizieren möchte. Ausgangspunkte aller strategischen Überlegungen sind also die Inhalte und Themen deiner Organisation.

Hast du auch die Formate festgelegt, geht es an die Produktion der Inhalte. Im Konkurrenzkampf mit vielen tausend anderen Organisationen und ihren Inhalten gilt die Faustregel: Niemand wartet auf deinen Content. Das bedeutet, dass du als Organisation deine Innensicht häufiger verlassen solltest, um prüfen zu können, ob deine Inhalte auch für „die Menschen da draußen" interessant sind. Außerdem zwingt es dich, auf deren Bedürfnisse einzugehen und dich beispielsweise um einen unterhaltsamen Zugang zu einem Thema zu bemühen. Das Ziel ist stets der Dialog mit deiner Community. Fühlt sie sich stark von deinen Inhalten angesprochen, wird sie beginnen, mit dir zu interagieren und den Beitrag liken, mit Freunden teilen oder eine Frage dazu stellen. Um das zu erreichen, musst du nicht so viel Content wie möglich produzieren. Qualität geht hier vor Quantität, denn jeder Inhalt wirkt sich auf die Reputation deiner Organisation aus.

Den Aufwand, gute Inhalte zu finden und in interessanten Formaten aufzubereiten, solltest du nicht unterschätzen. Gleichzeitig kann eine Content-Strategie nur wirken, wenn regelmäßig Inhalte über die Kanäle gespielt werden, also ein gewisses Grundrauschen erzeugt wird.

## Und wieder von vorn

Eine Content-Strategie wird meist in Phasen abgewickelt und ist ein zirkulärer Prozess: Nach der Analyse der Inhalte erforscht man die Nutzerbedürfnisse und Aktivitäten der Mitbewerber. Anschließend sollten Handlungsempfehlungen zu den geplanten Botschaften, dem Content-Management, der Informationsarchitektur sowie den redaktionellen Strukturen, den gewählten Plattformen usw. erarbeitet werden. Dieser Prozess sollte gut dokumentiert werden und beginnt in regelmäßigen Abständen von vorn. Bestätigen sich die Anfangsannahmen? Helfen dir die neuen Inhalte und die verbesserte Darstellung, die Ziele deiner Organisation (z. B. mehr Reichweite, mehr Fans, mehr ehrenamtliche Helfer, mehr Spender) zu erreichen? Wenn nicht, heißt es: zurück zum Start. Wenn ja, reicht Feinjustierung.

Bei betterplace.org gab es ebenfalls in den letzten Jahren einen Strategiewechsel. Statt ausschließlich via Social Media ein Projekt von der Spendenplattform nach dem nächsten zu präsentieren, wurde der Blick geweitet und wurden die unterschiedlichen (inhaltlichen) Themen der Organisationen ins Spektrum aufgenommen. Dabei geht es um Menschenrechte, Tierschutz oder Bildung, eben um alles, was zu einer besseren Welt (better place) beiträgt. Damit wird die thematisch übergeordnete Stellung der Organisation betterplace.org betont und es werden Inhalte geschaffen, die für einen Großteil der Zielgruppe relevant sind. Aus weltpolitischen Anlässen werden dabei vermehrt tagesaktuelle Inhalte kommunziert, da sie per se durch den starken Informationswert eine höhere Relevanz für die Menschen haben.

Abbildung 16: Beispiel-Post von betterplace.org auf Facebook

Im letzten Schritt geht es darum, Inhalte so aufzubereiten, dass sie kurz, informativ und unterhaltsam sind. Referenzen zu aktuellem Geschehen oder auch aus anderen Bereichen wie Politik oder Kunst können einen neuen, spannenden Zugang zu den Themen deiner Organisation liefern und unterm Strich langfristig für dein Anliegen begeistern. Dann ist der Erfolg nicht mehr dem Zufall überlassen und die Content-Strategie hat ihr Ziel erreicht!

*Das Einmaleins der Content-Strategie*
*Diese Schritte solltest du bei deiner Content-Strategie beachten:*

1. *Content-Audit: Ist der Content aktuell, richtig und relevant für die Nutzer? Verschafft euch einen Überblick darüber, welche bereits bestehenden Inhalte brauchbar sind und welche mangelhaft.*

2. *Zielgruppenanalyse: Wer sind die Nutzer und Leser? Welche Inhalte brauchen und erwarten sie? Wo halten sie sich im Web auf? Findet so viel wie möglich über eure Zielgruppen heraus.*

3. *Organisationsziele und Botschaften: Was möchtet ihr erreichen? Und was den Nutzern im Web sagen? Formuliert konkrete Ziele und Botschaften.*

4. *Workflow: Es ist wichtig, dass es in der Organisation klare Arbeitsabläufe und Verantwortlichkeiten gibt. Nutzt Redaktionskalender und Themenpläne, um festzulegen, wer wann welche Aufgaben erledigt.*

5. *Plattformstrategie: Überlegt, was ihr an eure Zielgruppen kommunizieren möchtet, und wählt erst dann die passenden Plattformen und Kanäle aus.*

Quelle: Brigitte Alice Radl, NGO-Leitfaden: www.ngoleitfaden.org/online-kommunizieren/content-strategie-erst-denken-dann-reden/

# 3.3 Social Media im Überblick

## Welche Kanäle wofür taugen.

*Natalie Stark, betterplace.org*

Social Media sind für die Kommunikation sozialer Organisationen unverzichtbar. Doch welche sind die wichtigsten? Hier findest du eine Übersicht der relevanten Netzwerke für Nonprofit-Organisationen mit ihren Nutzergruppen und Tonalitäten.

### Facebook

**Mehrwert:** Facebook ist ein Beziehungsnetzwerk, mit dem du eine Verbindung zwischen deiner Organisation und dem Spender auf persönlicher Ebene herstellen kannst. Durch regelmäßige Status-Updates auf eurer Facebook-Seite förderst du die Kommunikation und den Austausch mit eurer Community. Nutze die Plattform, um aktiv mit euren Unterstützern zu sprechen, bestehende Beziehungen zu stärken und neue Unterstützer zu gewinnen.

**Zielgruppe:** Auf Facebook befinden sich fast alle. Vor allem die Altersklasse 25–50 ist aktiv. In Deutschland hat Facebook aktuell 28 Millionen aktive Nutzer.

**Tonfall:** Auf Facebook kannst du einen lockeren Stil verwenden und die Leute duzen. Formuliere Beiträge kurz und klar, damit der Leser die Botschaft beim zügigen Scrollen durch seinen Newsfeed schnell erfassen kann. Nutze Bilder und Videos, da sie vom Facebook-Algorithmus bevorzugt behandelt werden (Reichweitengewinn). Drei bis fünf Posts pro Woche sind ausreichend, eine Meldung täglich ist noch besser.

### Twitter

**Mehrwert:** Twitter ist ein Microblogging-Dienst, dessen Botschaften bzw. Tweets auf 140 Zeichen begrenzt sind. Auch hier kannst du Beziehungen aufbauen und Kontakte, zum Beispiel zu engagierten Aktivisten, pflegen. Twitter eignet sich auch, um brandaktuelle Themen schnell zu kommunizieren sowie zu recherchieren. Eindrücke und Informationen, die du vor Ort gewinnst (zum Beispiel bei einem Projektbesuch oder einer Fachveranstaltung), kannst du direkt an deine Follower twittern.

**Zielgruppe:** Auf Twitter sind von Privatpersonen und von großen Unternehmen viele verschiedene Accounts zu finden. Auch Fachleute, besonders aus den Bereichen Medienkommunikation und Politik, Aktivisten, und Digital Natives, versammeln sich hier vermehrt. Der Männeranteil auf Twitter ist recht hoch. In Deutschland gibt es zur Zeit über 3,6 Millionen Nutzer.

**Tonfall:** Auf Twitter wird knapp, präzise und höflich kommuniziert. Der Twitter-Newsfeed ist sehr schnelllebig, und du kannst mehrere Beiträge (drei bis fünf sind ausreichend) am Tag twittern. Achte auf die Nutzung von Hashtags, damit deine Beiträge gefunden werden können. Retweete und kommentiere interessante Beiträge, um im Gespräch zu bleiben.

## Instagram

**Mehrwert:** Instagram ist ein Microblogging-Dienst, der sich auf das Posten von Fotos spezialisiert hat, die mit verschiedenen Filtern bearbeitet werden können. Die Social-Media-Plattform (die Facebook gehört) wird zu 100 Prozent mobil genutzt. Mit Instagram kannst du Geschichten und Fotos vom Einsatz quasi live direkt vor Ort veröffentlichen und so eure Community daran teilhaben lassen, um das Image eurer NPO sowie ihre Bekanntheit zu stärken. Instagram eignet sich auch als ergänzender Kommunikationskanal zur Verbreiterung einer Kampagne, sofern du eine jüngere Zielgruppe erreichen willst. Mit den richtigen Hashtags lassen sich hohe Reichweiten erzielen, da es noch keinen Newsfeed-Filter gibt.

**Zielgruppe:** In Deutschland gibt es 4,2 Millionen Nutzer, und die Zielgruppe ist recht jung. 71 Prozent der User sind unter 34 Jahre alt, nur 3 Prozent sind über 55. Unter Stadtbewohnern ist Instagram verbreiteter als bei Menschen vom Land und aus den Vororten.

**Tonfall:** Auf der Foto-Sharing-Plattform stehen Texte im Hintergrund und Links sind nicht klickbar. Instagrammer nutzen aber zunehmend Hashtags, um Beiträge nach bestimmten Themen filtern zu können.

## Pinterest

**Mehrwert:** Pinterest ist eine Bilderplattform und Bookmarking-Website. Hier kannst du Suchergebnisse aus dem Internet abspeichern sowie die Suchergebnisse anderer Nutzer teilen. Deshalb ist Pinterest ein gutes Recherche- und Inspirations-Netzwerk. Du kannst verschiedene Pinnwände anlegen, etwa zu euren Projekten, mit Infografiken, Statements, Hintergrundinformationen etc. Pinterest kann eurer Website auch Traffic bringen, da die Pins mit einem Link zur Original-Quelle versehen sind.

**Zielgruppe:** Für Deutschland liegen keine Nutzerzahlen vor, weltweit hat Pinterest 70 Millionen User. Das Netzwerk steht besonders bei den

Millennials (18–29 Jahre) hoch im Kurs, und der Frauenanteil ist extrem hoch. Entsprechend sind die beliebtesten Themen Mode, Einrichtung, do it yourself und Rezepte. NPOs nutzen Pinterest vor allem, um Infografiken zu teilen.

**Tonfall:** Auf Pinterest herrscht ein freundlicher Umgangston. Ganz wichtig: Nenne immer die Bildquellen! Auf Pinterest werden teilweise auch Videos gepinnt, Texte sind kaum zu finden.

**Wichtig:**

*Bevor du nun auf den oben genannten Kanälen ein Profil anlegst, beantwortet dir zuerst folgende Fragen:*

- *Was ist meine Botschaft?*
- *Passen meine Inhalte zu meiner Botschaft, meinen Themen, meiner Arbeit und den Bedürfnissen meiner Zielgruppe?*
- *Erreiche ich meine Zielgruppe auf dem entsprechenden Kanal?*
- *Habe ich genug personelle und zeitliche Ressourcen, um den Kanal regelmäßig zu pflegen?*

*Alles klar? Dann viel Erfolg mit dem Auftritt deiner NPO in den wichtigsten Social-Media-Netzwerken!*

Zum Weiterlesen:

Twitter: Something to Tweet About, Socialmisfitsmedia.com

Instagram: www.bethkanter.org/nonprofits-instagram

Pinterest: 10 Nonprofits That Are Totally Nailing Pinterest Marketing blog.hubspot.com

# 3.4 Social-Media-Management

## Mit diesen Werkzeugen lassen sich Inhalte koordinieren.

*Jona Hölderle, pluralog.de*

*Besonders wenn mehrere Profile betreut oder im Team gepflegt werden, können verschiedene Tools den Social-Media-Alltag erleichtern. Jedes hat spezielle Funktionen in den Bereichen Planung, Interaktion, Monitoring oder Auswertung. Alternativ bieten sich auch Apps der jeweiligen Social-Media-Anbieter an, so hat Facebook beispielsweise eigene Apps für die Betreuung von Seiten und Gruppen.*

### Planungstools

Eine gute Planung ist für den Erfolg in sozialen Medien unerlässlich. Je nach Medium und dessen Algorithmus sind neben den richtigen Inhalten auch Zeitpunkt, Formulierung und Formatierung wichtig, um mit jedem Beitrag möglichst viele Fans zu erreichen und viel Interaktion (gefällt mir, Kommentar, Teilen etc.) zu generieren.

Je nach Strategie und Ressourcen kann zur Planung ein einfaches Textdokument mit vorgeschriebenen Beiträgen genügen. Für manche Organisationen (insbesondere für Kampagnen) kann es sich auch lohnen, Posts nach einem ausgeklügelten Redaktionsplan zu veröffentlichen. Arbeitet man als Team, ist es wichtig, Absprachen zu treffen, gegenseitiges Feedback zu ermöglichen und Veröffentlichungen zu planen. Die besten Tools dafür:

| Anwendung | TweetDeck | Hootsuite | Buffer | some.io | IFTTT |
|---|---|---|---|---|---|
| Anwendungs-bereich | Twitter | Twitter, Facebook, Google+ u. a. | Twitter, Facebook u. a. | Facebook, Twitter, LinkedIn | Instagram, Twitter, Kalender u. a. |
| Ausgewählte Funktionen | Posts planen, Nutzerstatistik, Teamarbeit, Alerts für Suchbegriffe | Posts planen, Nutzerstatistik, Teamarbeit mit Aufgabenverteilung | Posts planen, Nutzerstatistik, Teamarbeit, strategische Veröffentlichung (Zeitpunkt), Vorschläge für neue Inhalte | Posts planen, Teamarbeit mit Kommentar-Funktion, Freigaberegelung | Verknüpft Apps und Kanäle miteinander und postet automatisch relevante Inhalte |
| Kosten | kostenlos | teilweise kostenlos | teilweise kostenlos | kostenlose Testversion | kostenlos |

## Interaktion

Soziale Medien dienen dem Austausch von Meinungen, Erfahrungen und Eindrücken. Deshalb ist es wichtig, auf Fragen, Kommentare und Beiträge der Fans und Follower zu reagieren. Bei den vielen Möglichkeiten ist es manchmal nicht einfach, den Überblick zu behalten. Hier helfen meist kostenpflichtige Tools, mit denen man alle Anfragen wie in einem E-Mail-Posteingang abarbeiten oder an Kollegen übertragen kann. Entsprechende Tools sind: SocialHub, Zendesk und Conversocial.

## Monitoring

Wer mitbekommen möchte, was über die eigene Organisation auf den Social-Media-Kanälen geschrieben wird, auf denen man nicht vertreten ist, braucht ein Social-Media-Monitoring. Monitoring kann auch helfen, neue Kontakte und Themen zu finden. Die Zahl der Tools ist groß, es gibt einfache Alerts, Social-Media-Suchmaschinen und ausführliche Monitoring-Suites mit Warnsystem, Wettbewerbsanalyse und Viralitätsanalyse. Auch viele Anbieter von Presseclippings haben mittlerweile Monitoringdienste für soziale Medien. Ausgewählte Tools:

| Anwendung | alert.io | Topsy | uberMetrics |
|---|---|---|---|
| Ausgewählte Funktionen | Monitoring von Suchbegriffen auf Facebook, Twitter, Blogs, Foren u. a., Datenanalyse verschiedener Suchwörter und Mentions (z. B. der Name der eigenen NPO) | Twitter-Suche, die bis 2007 zurück sucht. Datenanalyse und Ranking der Mentions (z. B. wichtige Influencer) | Monitoring von Mentions, Viralitätsanalyse, Alerts und Frühwarnung, Datenanalyse und Reports |
| Kosten | teilweise kostenlos | teilweise kostenlos | nicht kostenlos |

**Auswertung**

Die Auswertung und Erfolgsmessung deiner Social-Media-Präsenz zeigt dir, wo deine Ressourcen am besten eingesetzt sind. Auch hier können externe Dienste die von der jeweiligen Plattform angebotenen Analysen erweitern. Besonders interessant wird das im Vergleich mit anderen Organisationen.

| Anwendung | pluragraph | LikeAlyzer | Fanpage Karma | ManageFlitter |
|---|---|---|---|---|
| Ausgewählte Funktionen | Quantitatives Ranking der Social Media Reichweite von mehr als 12.000 Organisationen | Analyse deiner Facebook-Seite, Nutzerverwaltung und Analyse | Analyse und Optimierung eigener Posts auf versch. Social Media Profilen, Vergleich mit anderen Profilen, Datenanalyse | Findet die besten Zeitpunkte zum Twittern, Nutzerverwaltung und -Analyse |
| Kosten | kostenlos | kostenlos | teilweise kostenlos | teilweise kostenlos |

Die Tools können die Arbeit mit sozialen Medien deutlich vereinfachen. Trotzdem sollte jede Organisation zunächst klären, wo sie wirklichen Mehrwert bieten. Gibt es viele Absprachen im Team (Planung), wird auf den Profilen stark diskutiert (Konversation), ist es für die Organisation besonders wichtig, was über sie im Netz geredet wird (Monitoring), oder sollen Schlüsse aus dem Feedback der Nutzer gezogen werden (Auswertung)? Vielleicht ist es noch nicht nötig, für jeden Bereich ein eigenes Werkzeug zu haben. Aber man sollte vorbereitet sein. Besonders in Krisenzeiten ist ein eingespieltes Set an Tools hilfreich.

# 3.5 Facebook im Fokus

## Das größte soziale Netzwerk schlau nutzen.

*Anika Geisel, Facebook Deutschland*

*Rund 20 Millionen Menschen in Deutschland nutzen Facebook täglich. Dabei ist das größte soziale Netzwerk Kommunikations- und Informationszentrum zugleich: Themen, Veranstaltungen, Projekte oder Organisationen werden hier entdeckt, diskutiert und verbreitet. Für soziale Organisationen ist Facebook eine gute Plattform, um viele Menschen für ihre Projekte zu begeistern.*

Wer auf Facebook startet, sollte sich zunächst Gedanken machen, wen er mit welchen Zielen erreichen möchte. Auch die Frage nach den Ressourcen ist wichtig: Wie viele Personen sind für Facebook zuständig? Wie häufig möchtest du neue Inhalte veröffentlichen? Und vergiss nicht, dass Facebook vom Dialog lebt – die Moderation sollte eine wichtige Rolle einnehmen. Dafür unbedingt ausreichend Zeit einplanen.

### Mit Inhalten punkten

Facebook präsentiert mithilfe eines Algorithmus' den Menschen auf Facebook vor allem solche Bilder, Status-Aktualisierungen und Videos, die für diese interessant sind. Entscheidend ist immer die Relevanz. Das heißt: Je intensiver jemand mit deinen Inhalten interagiert, sie also beispielsweise kommentiert oder teilt, desto häufiger wird er oder sie solche Inhalte in Zukunft auch angezeigt bekommen.

Da es immer schwieriger wird, Aufmerksamkeit für bestimmte Themen zu erzielen, müssen vor allem jene Menschen angesprochen und aktiviert werden, die bereits ein Interesse für das Thema mitbringen oder sich bereits engagieren. Deshalb sollte die Kommunikation auf Facebook einzigartig sein. Postet Beiträge, die eure Fans nicht an anderen Orten finden. Gebt euren Unterstützern einmalige, authentische und originelle Einblicke in die Arbeit eurer Organisation. Nutzt dafür verschiedene Formate, wie Fotos, Alben, Videos und Links. Je bildlicher und emotionaler, desto besser.

### Beispiele: So nutzen gemeinnützige Organisationen Facebook

Die Organisation „Helfen WOLLEn – Stricken für Berlins Obdachlose" bedankt sich per Facebook bei den Menschen, die Wolle oder bereits fertig gestrickte Kleidungsstücke gespendet haben. Die Nachbarschafts-Organisation „Hellersdorf hilft" nutzt Facebook, um Unterstützer zusammenzubringen und über aktuelle Ereignisse im Bezirk zu informieren.

Wichtig ist, dass Menschen möglichst einfach interagieren und mitmachen können. Die Initiative „foodsharing.de" hat verschiedene Facebook-Gruppen für einzelne Regionen bzw. Städte aufgesetzt. In diese Gruppen können Menschen posten, wenn sie Lebensmittel übrig haben, die dann von anderen Freiwilligen abgeholt und an Bedürftige abgegeben werden.

*Fallbeispiel I*
*Gelungene Facebook-Seiten*

*Die Ehrenamtsorganisation „Tante Inge" macht Engagement von jungen für alte Menschen spannend. Authentische, kurze, lustige und auch traurige Berichte der Tandem-Paare geben einen guten Einblick in die Arbeit der Organisation. Dabei wechselt „Tante Inge" zwischen Fotos, Links, Veranstaltungen und Videos ausreichend ab. Schön auch, dass hier Beiträge anderer Facebook-Seiten zu einem ähnlichen Thema geteilt werden.*

### Der Organisation ein Gesicht und eine Stimme geben

Stelle die Menschen vor, die sich für deine Projekte engagieren, etwa mit einem Team-Fotoalbum oder in einem kurzen Video, um Transparenz und Vertrauen zu schaffen. Zeig Interesse an deinen Unterstützern, indem du aufmerksam zuhörst, was auf deiner Facebook-Seite oder in thematisch relevanten Gruppen diskutiert wird. Und zeig mit Kommentaren, dass Anregungen und Kritik auch ankommen. Stell Fragen, teste Argumente, diskutiere! All das hilft dabei, in der Öffentlichkeit Gehör zu finden.

Facebook kann auch dabei helfen, eine öffentliche Diskussion zu bestimmten Themen zu führen und Meinungen bzw. Standpunkte zu testen. Welche Argumente sind besonders schlagkräftig und wie lassen sich die meisten Menschen mobilisieren?

### Geschichten erzählen

Gib Unterstützern das Gefühl, Teil des Projekts zu sein, indem du sie auf die Reise mitnimmst. Überleg, was dein Projekt spannend macht, und stelle die verschiedenen Facetten vor – zum Beispiel den Beginn der Kampagnenplanung („Wir haben was Spannendes vor."), die anschließende Koordination der Helfer („Gleich geht's los.") und dann den Einsatz vor Ort.

Dabei ist Facebook auch für die Organisation und Koordination der Unterstützer nützlich. Facebook-Gruppen helfen beim Planen von Veranstaltungen oder Demonstrationen. Mit Gruppen-Chats kannst du Unterstützer schnell und unkompliziert erreichen und koordinieren.

Gib dabei sowohl Mitarbeitern, Helfern als auch Betroffenen eine Stimme. Vergiss nicht, andere über dein Projekt sprechen zu lassen. Wichtig ist, das Ganze kreativ und visuell zu verpacken. Infografiken können zum Beispiel ein schönes Instrument sein, um den Erfolg von Kampagnen darzustellen. Und feiere wichtige Meilensteine deines Projekts auch auf Facebook, zum Beispiel sobald eine bestimmte Spendensumme erreicht wurde.

### Ein klarer Call to Action

Häufig wird vergessen, Aufforderungen auf Facebook konkret zu formulieren. Sei möglichst klar und eindeutig, wenn du die Fans aufforderst
- einen Beitrag zu teilen,
- zu diskutieren,
- an einer Demonstration teilzunehmen,
- für ein bestimmtes Projekt zu spenden.

Wichtig ist auch, Fans über den Verlauf eines Projektes oder einer Kampagne transparent auf dem Laufenden zu halten. Deshalb empfiehlt es sich, eine Dramaturgie für die Kommunikation auf Facebook zu entwickeln, die Meilensteine und Spannungselemente enthält.

**Fallbeispiel II**
*Gelungene Facebook-Seiten*

*Diese Spezial-Seite vom „NABU" widmet sich ausschließlich dem Thema Wölfe, bleibt dabei aber schön abwechslungsreich. Mal gibt es Fotoalben von Wölfen und Wildschweinen in der Fotofalle, mal ein Video-Interview mit einem Experten oder einen Cartoon. Schlau: Man kann direkt auf der Facebook-Seite Wolf-Pate werden und eine Dauerspende einrichten.*

## Den Erfolg überprüfen

Zwar sind Gefällt-mir-Angaben eine einfach zu messende Kennzahl. Aber ausschlaggebend für den Erfolg einer Seite sind vielmehr die „richtigen" Fans, also solche, die sich tatsächlich für deine Themen interessieren. Reichweite und Interaktionen spielen dabei eine entscheidende Rolle.

Schon beim Aufsetzen von Zielen solltest du überlegen, wie sich diese Ziele messen lassen (mehr auf Seite 148). Wenn es darum geht, junge Menschen für ein Projekt zu begeistern, dann solltest du die Altersstruktur auf deiner Facebook-Seite im Auge behalten. Wenn ein bestimmtes Thema mehr Aufmerksamkeit bekommen soll, dann sollten entsprechende Beiträge möglichst häufig geteilt werden – am besten von Multiplikatoren mit einem großen Netzwerk auf Facebook.

## Die Facebook-Statistiken nutzen

Facebook bietet in seinen Statistiken jede Menge detaillierter Informationen über deine Fans, die Reichweite deiner Beiträge und das Wachstum deiner Seite. Nicht alle Informationen sind gleich wichtig, aber ein paar von ihnen können sehr hilfreich sein:

## Der beste Zeitpunkt

- Die meisten Facebook-Posts werden zwischen 9.00 und 17.00 Uhr veröffentlicht. Die Konkurrenz um Aufmerksamkeit ist dann groß. Es kann daher sinnvoll sein, deine Beiträge zu anderen Uhrzeiten zu veröffentlichen. Zum Beispiel ganz früh am Morgen – so erreichst du vielleicht weniger Menschen, hast dafür aber ungeteilte Aufmerksamkeit.
- Nutze den statistischen Überblick zu den Reichweiten deiner Beiträge nach Uhrzeit und Wochentag (findest du unter dem Menü-Reiter „Beiträge"). So findest du raus, zu welchem Zeitpunkt du am meisten Menschen erreichst. Time deine Beiträge so, dass sie in dieser Zeit erscheinen (du kannst dafür die Planungsfunktion von Facebook nutzen).

## Der beste Beitrag

- Du kannst veröffentlichte Beiträge nach Typ (Foto, Video etc.), Reichweite und Interaktionen auswerten. So ermittelst du, welche Art von Beitrag viele Kommentare oder Likes auslöst. Du wirst vermutlich feststellen: Meist erzielen Fotos oder Videos eine große Reichweite. (Siehe Abbildung 17)

| Veröffentlicht | Beitrag | Typ | Zielgruppe | Reichweite | | Interaktionen | Hervorheben |
|---|---|---|---|---|---|---|---|
| 13.07.2015 21:00 | Erinnert ihr euch noch an euren 5.Geburtstag? Wir uns auch nicht – aber wir | | | 5,9K | | 681 69 | Werbung für Beitr... |
| 17.07.2015 09:00 | Kunst ist, was Du draus machst! Die Digitalisierung macht die Kunst jedem | | | 3,8K | | 286 22 | Werbung für Beitr... |
| 27.07.2015 11:21 | Warum Schuhe für Arme nicht alle Probleme lösen und buy one, give one Programme ein | | | 2K | | 133 11 | Werbung für Beitr... |
| 14.07.2015 20:00 | 5 Jahre betterplace lab! Hier könnt ihr sehen, wie unsere erste Seite online ging | | | 531 | | 23 6 | Werbung für Beitr... |

**Abbildung 17:** In den Facebook-Statistiken kannst du pro Beitrag analysieren wie viele Menschen erreicht wurden und welcher Post besonders viele Interaktionen ausgelöst hat.

### Wer sind meine Multiplikatoren?

- Unter dem Menü-Reiter „Deine Fans" erfährst du mehr über Alter, Standort und Sprache deiner Fans. Achte darauf, Inhalte in den entsprechenden Sprachen zur Verfügung zu stellen.
- Du solltest dir außerdem wichtige Personen merken. Wer kommentiert viel? Wer teilt häufig deine Beiträge. Diese Menschen kannst du bei Bedarf auch mal direkt ansprechen und um das Verbreiten bestimmter Posts bitten.

### Wie entwickelt sich die Seite?

- Überprüfe regelmäßig, wie sich deine Fan-Zahlen entwickeln (Menü-Reiter: „Gefällt-mir-Angaben"). Wann gibt es Zuwachs? Finde heraus, welche Kommunikationsmaßnahmen sich auszahlen und repliziere sie. Verlierst du Fans? Wenn du mehrere Fans auf einmal verlierst, dann solltest du deine Kommunikationsstrategie ggf. überdenken.

### Fazit

Facebook ist aus dem Kommunikationsmix sozialer Organisationen nicht mehr wegzudenken. Da Ressourcen jedoch knapp sind, solltest du gut überlegen, was du auf Facebook erreichen willst. Mit einer durchdachten Strategie kannst du Vertrauen schaffen. Wer transparent über Veranstaltungen, Kampagnen, Mitarbeiter und Unterstützer kommuniziert, kann ein vitales Netzwerk aufbauen, das bei der Verwirklichung der eigenen Ziele mit anpackt.

*Nicht vergessen:*

- Vor dem Start Ziele festlegen. Was willst du auf Facebook erreichen? Möglichst viel Reichweite? Inhaltlichen Austausch? Die Ziele sollten messbar sein und zu den zeitlichen und finanziellen Ressourcen passen.

- Einzigartige, emotionale, spannende Beiträge veröffentlichen. Formate (Bild, Video, Links) ausprobieren und abwechseln. So bleiben die Fans aufmerksam dabei.

- Geschichten mit einem Spannungsbogen erzählen. Zwischenergebnisse feiern, transparent kommunizieren.

- Der Organisation ein Gesicht geben und verschiedene Stimmen zu Wort kommen lassen. Das schafft Vertrauen.

- Klare Handlungsaufforderungen formulieren, Multiplikatoren identifizieren und gezielt ansprechen.

- Ziele und Erfolge überprüfen. Dabei helfen die Facebook-Statistiken.


Lesetipps:

→ Leitfaden Facebook für NPO: allfacebook.de/features/download-offizieller-deutscher-facebook-instagram-leitfaden-fur-ngos

→ Leitfaden Facebook für Politiker – mit vielen grundlegenden Tipps zur Nutzung von Facebook: de.scribd.com/doc/239787067/Leitfaden-fu-r-Politiker-2014

→ Tipps für NPO auf Facebook: www.facebook.com/nonprofits

# 3.6 „Auf Facebook erreicht man auch alte Menschen"

### Dagmar Hirche über ihre Erfahrungen mit Facebook.

*Der Verein Wege aus der Einsamkeit e. V. (WADE) setzt sich für ein würdevolles Leben im Alter ein – und ist damit auf Facebook der große Hit. Über 4.500 Fans verfolgen die Social Media Aktivitäten des kleinen Hamburger Vereins. Warum? Dagmar Hirche, Geschäftsführerin von WADE, über neue Kontakte, das versilberte Netz und tanzende Opas.*

**Dagmar, warum hast du für deinen Verein eine Facebook-Seite angelegt?**

Nachdem ich Gast bei einer Talkshow im SWR war, haben mich zahlreiche Leute angeschrieben und gefragt, wo sie uns denn auf Facebook finden würden. Daraufhin haben wir uns Gedanken gemacht, wie wir das Thema Alter bei Facebook besetzen könnten. Wir haben uns dann ganz bewusst dafür entschieden, das Altern positiv und lebendig darzustellen. Das passt gut zum Medium Facebook, und thematisch war da noch eine Lücke. Wir sind also nicht gleich losgestürmt, sondern haben zunächst eine kleine Strategie entwickelt.

**Dein Verein macht Lobbyarbeit für das schöne Altwerden. Doch bei Facebook sind nur wenige Alte unterwegs. Warum seid ihr trotzdem da?**

Weil man alte Menschen auch über Facebook erreicht. Nicht nur wächst die Nutzergruppe der Silversurfer auch im Bereich Social Media stark. Hinzu kommt der persönliche Austausch zwischen den Generationen, etwa wenn eine Enkelin ihrer Oma die letzten Facebook-Posts von WADE zeigt und sie gemeinsam lachen und sich über tanzende Opas im Video freuen. Dann ist auch der alte Mensch Teil unserer Facebook-Gemeinschaft. Über solche Berichte freue ich mich sehr. Außerdem ist unsere Facebook-Präsenz immer ein schöner Anlass, um mit Interessierten ins Gespräch zu kommen. Allein schon wegen unseres lustigen Namens.

**Über den Generationenaustausch hinaus – welchen Nutzen hat die Social-Media-Präsenz für euch noch?**

Ich nutze Facebook vor allem, um mich mit überregionalen und internationalen Vereinen zu vernetzen, die etwas Ähnliches wie wir machen. Dadurch bekomme ich viele Ideen für unsere Vereinsarbeit und schaue mir manchmal was ab. Zu unserem Wettbewerb „Wir versilbern das Netz" hat mich zum Beispiel eine irische Organisation inspiriert. Außerdem kommen viele Menschen über Facebook auf uns zu. Ich bekomme pro Woche zwischen zehn und dreißig Nachrichten und Anfragen zu unserer Arbeit. Über Facebook erreichen wir Menschen, die nicht unsere Regionalzeitung lesen oder sich nicht unbedingt für das Thema Alter interessieren. Über die Empfehlungen oder Kommentare von Freunden erfahren sie aber von uns.

**Wie viel Zeit verbringst du mit der Pflege eurer Social-Media-Präsenzen?**

Den Zeitaufwand darf man nicht unterschätzen. Seit 2014 posten wir etwa dreimal am Tag eine Nachricht. Die Themen zu finden und Ideen zu entwickeln, kostet Zeit. Ich verbringe so zwischen ein und zwei Stunden täglich mit Social Media. Mir macht das aber auch Spaß, und ich habe da eine Routine entwickelt. Für mich ist das ein wichtiger Informationsaustausch. So viel Zeitung könnte ich gar nicht lesen!

**Lohnt sich der Aufwand? Sammelt ihr über Social Media Spenden?**

Für uns steht das Spendensammeln in den sozialen Medien nicht im Vordergrund. Wir wollen hier in erster Linie über unsere Arbeit informieren und interessierten Menschen eine zusätzliche Anlaufstelle bieten. Wir haben allerdings die Erfahrung gemacht, dass wir mit großer Social-Media-Reichweite für Unternehmen, die sich engagieren wollen, interessanter sind. Denn wir können vielen Menschen von dem Unternehmensengagement berichten. Nach dem Motto „Tue Gutes und rede darüber" sind Unternehmen auf uns zugekommen, um uns zu unterstützen. Und darüber twittern wir dann und schreiben einen Facebook-Post.

**Hast Du Tipps für Organisationen, die Facebook nutzen wollen?**

Mir begegnen viele Organisationen, die zunächst kritisch sind. Die sagen: „Warum sollen wir da freiwillig etwas von uns preisgeben?" Ich bin aber davon überzeugt, dass wir gemeinnützigen Organisationen tolle Arbeit machen, und ich möchte davon berichten, was wir tun, und dem auch ein Gesicht geben. Das ist nicht jedermanns Sache, da muss man in der Organisation gucken, ob es jemanden gibt, der sich das vorstellen kann. Dabei sollte man keine Angst vor Fehlern haben – auch gemeinnützige Organisationen können lernen und Fehler zulassen.

Außerdem geht es in sozialen Medien auch darum, sein Thema zu verbreiten. Und das möglichst mit Bild, Video und in einer klaren, leichten Sprache. Um diese Vielfalt in sozialen Medien darstellen zu können, muss man sich auch für andere Organisationen und Ansätze öffnen. Und das ist in meinen Augen eine Riesenchance.

**Dagmar Hirche**
*Geschäftsführerin*
*Verein Wege aus der Einsamkeit e. V. (WADE)*

## 3.7 Twitter im Fokus

**Botschaften auf den Punkt bringen und schnell verbreiten.**

*Natalie Stark, betterplace.org*

*Weil man nur 140 Zeichen Platz hat, ist Twitter ein sehr schneller Kommunikationskanal, der sich im Vergleich zu Facebook besonders durch den Echtzeitcharakter der Botschaften auszeichnet. Außerdem sind die Gespräche öffentlich und hierarchiefrei.*

### Warum auch NPOs Twitter nutzen sollten

Der Motor des gemeinnützigen Sektors sind engagierte Freiwilligen-Communities, Aktivisten, Spender und Mitarbeiter. Auf Twitter sind viele dieser Menschen – deine Zielgruppe – unterwegs. Der Dienst eignet sich hervorragend, um Sichtbarkeit und Reichweite zu erhöhen und um neue ehrenamtliche Helfer zu gewinnen. Auch als kleine NGO wird deine Stimme hier gehört, wenn du richtig vorgehst: Sprich über aktuelle Themen, teile eure Veranstaltungen, poste deine Expertenmeinung und hilf anderen weiter. Starte Aktionen wie Petitionen oder Umfragen.

Auf Twitter geht es um topaktuelle Themen, klink dich ein, diskutiere mit. Nutze Tools wie Tweetdeck für zielgruppengenaue Recherchen und um Informationen in Echtzeit zu finden. Bitte aber nicht nur immer um Spenden (außer im Katastrophenfall). Die Spender möchten auch wissen, was mit Ihrer Spende erreicht wird, also teile positive Geschichten und Erfolgserlebnisse eurer Projekte, beschreibe eure Arbeit und inspiriere die Menschen, eure gute Sache zu unterstützen.

### Best Practice Beispiel: Schon mal was von Rotation Curation gehört?

Häufig bespielt nur eine Person einen Twitter-Account mit Inhalten. Bei der Idee des Rotation Curation hingegen wird der Account in regelmäßigen Abständen (meistens nach einer Woche) von einer anderen Person bespielt. Die einzelnen Twitterer signieren ihren Tweet hierbei meistens mit ihrem Kürzel. Es werden Geschichten erzählt, Emotionen geweckt und die Follower bekommen z. B. die Möglichkeit, einen Blick hinter die Kulissen zu werfen. Auf @I_amGermany oder @being_vodafone kannst du dir das Prinzip des wechselnden Betreuers eines Twitter-Accounts anschauen. Auf @I_amGermany twittert mal ein Tourist, mal ein Einheimischer, und so wird Deutschland immer wieder aus einer anderen Perspektive und einem neuen Blickwinkel dargestellt. Die Idee des Rotation Curation lässt sich wunderbar auf Organisationen übertragen, die z. B. Helfer vor Ort im Einsatzgebiet oder auch wechselnde Volontäre im Einsatz haben.

**Erzählt Geschichten – nehmt Eure Follower mit auf eine Reise**

Geschichten eignen sich prima für Twitter, weil sie so einfach geteilt werden können (gute shareability). Die Stories über eure Organisation müssen den Leser berühren und mitreißen (s. Storytelling S. 51). Poste, wenn möglich, passende Bilder und Videos. Doch wie soll man eine Geschichten in nur 140 Zeichen erzählen? SeaWatch (@seawatchcrew) zeigt, wie es geht: Die "MS Sea-Watch" ist ein privates Schiff aus Deutschland, das Flüchtlinge im Mittelmeer rettet. Über regelmäßige Status-Update-Tweets nimmt die Crew Ihre Unterstützer mit auf die Reise und hält sie auf dem neuesten Stand. Weil sie dadurch emotional stark in die Einsätze eingebunden werden, ist die Chance groß, dass sie dem Projekt verbunden bleiben und es nicht nur einmalig, sondern langfristig unterstützen.

Abbildung 18: Beispiel-Tweet der Organisation Seawatch: Emotionen in 140 Zeichen.

## 10 Tipps für erfolgreiches Twittern

1. Tweets mit Fotos und Videos werden doppelt so oft retweetet wie reine Text-Tweets.
2. Erzähle Geschichten (Storytelling).
3. Formuliere aussagekräftig.
4. Verzichte auf Füllwörter (dafür ist ohnehin kein Platz).
5. Sei kreativ und einzigartig.
6. Nutze URL-Verkürzer wie bit.ly, um Links zu personalisieren und die Klickrate zu messen.
7. Schreibe neue Follower direkt und persönlich an.
8. Retweete interessante Infos anderer User, Branchenmeldungen und News.
9. Verwende Hashtags (erleichtert die Kategorisierung).
10. Nutze Listen, um Follower zu gruppieren und die für euch relevanten Follows zu filtern. (Du kannst z. B. eine Liste empfehlenswerter Twitterer zum Thema Online-Fundraising zusammenstellen.)

## Zahlen: Ein Blick in die Twitter-Insights

Schaue dir regelmäßig eure Kennzahlen besonders in Bezug auf die Reichweite und Interaktionsrate eurer Beiträge an. Ziehe daraus Rückschlüsse auf die richtigen Formulierungen und die besten Zeitpunkte, um mit euren Followern in Kontakt zu treten. Einfach auf euer Profilbild (neben dem Suchfeld) klicken und dann auf „Analytics". Auf dem Analytics Dashboard werden dir Top-Tweets, Top-Erwähnungen, Top-Medien-Tweets und Top-Follower angezeigt. Hier kannst du auch andere Zahlen, etwa zu Tweet-Impressionen, Profilbesuchen, neue Followern, usw. sehen. Du kannst die Aktivität eurer Tweets in einem ausgewählten Zeitraum beobachten und bekommst Infos zu Interessen, Geschlecht und Sprache eurer Follower sowie zu Einflussnehmern, die Links zu euren Inhalten getwittert haben.

**Informationen filtern und organisieren mit Twitter-Tools**

1. Worüber spricht die Twitter-Community gerade? Was sind die heißesten Trends? Twitterst du z. B. über den Schutz von Walen, kannst du mit folgenden Tools Gleichgesinnte finden, in Gespräche einsteigen und neue Unterstützer gewinnen: trends.de, twitterthemen.de; what-the-trend.com.
2. Relevante Twitterer und Influencer finden: wefollow.com und twellow.com.
3. Wer schreibt besonders spannende Tweets? favstar.de weiß es.
4. Kostenlose Monitoring Tools? Wenn du bit.ly als Linkverkürzer nutzt, kannst du Klicks auswerten. Mit Refollow siehst du, ob Euch relevante Twitter-Accounts folgen. Mit Klout misst du die Reichweite eures Twitter-Accounts und erkennst Influencer.
5. Den Veröffentlichungszeitpunkt von Tweets planen? Mit Tweetdeck. Außerdem kannst du damit Twitterer in Gruppen einteilen und Hashtags beobachten.

Zum Schluss noch ein paar erfolgreiche NPO-Twitter-Acounts zur Inspiration:

→ @SOZIALHELDEN

→ @FlchtlngWllkmmn

→ @meinbge

→ @amnesty_de

→ @seawatchcrew

→ @msf_de, @WWF_Deutschland

→ @charitywater

→ @betterplace_org

→ @betterplacelab

# 3.8 YouTube im Fokus

## Inhalte, Technik und die richtige Botschaft.

*Kathleen Ziemann, betterplace lab*

*YouTube ist neben Google die zweitgrößte Suchmaschine der Welt. Wenn du sicherstellen möchtest, dass die Inhalte deiner NPO gut zu finden sind, dann solltest du auch die Video-Plattform nutzen. Das ist natürlich vor allem sinnvoll, wenn du Videos hast, die du auch zeigen möchtest. Hier die wichtigsten Tipps aus dem YouTube-Playbook-Guide für gemeinnützige Organisationen.*

**1. Richte deiner NPO einen YouTube-Kanal ein. Das ist kostenlos. Du brauchst aber ein Google-Konto dafür.**

- Achte darauf, dass die Kanalbeschreibung vollständig ist und du deine Website und andere Social-Media-Kanäle verlinkst.
- Ein gutes Profilbild (z. B. euer Logo) und Titelbild (z. B. ein Bild von eurer Arbeit) sind selbstverständlich.
- Wähle ein aussagekräftiges „Begrüßungsvideo" (Kanalvideo). Auch wenn nicht alle Videos auf deinem Kanal professionell sein müssen, dieses Video sollte besonders sorgfältig produziert sein. Es sorgt für den ersten Eindruck.
- Du kannst über einzelne Playlists mit aussagekräftigen Titeln (z. B. „Berichte aus unserem Kunstprojekt" ) deinem Kanal noch mehr Übersichtlichkeit verleihen.

**2. Lade deine ersten Videos hoch. Jedes Video sollte folgende Informationen enthalten:**

- Titel: aussagekräftig und mit entsprechenden Keywords versehen.
- Beschreibung: Was ist zu sehen? Wer spricht? Usw. Außerdem sollte unter jedem Video deine NPO noch mal kurz beschrieben werden. Füge auch einen weiterführenden Link in die Beschreibung ein.
- Tags: Unter welchen Stichworten soll dein Video gefunden werden? Füge sie hinzu.
- Call to Action: Du kannst per Video-Manager Anmerkungen (z. B. Sprechblasen oder Notizen) in das Video einfügen. Sie sollten einen Link und eine klare Handlungsaufforderung enthalten (z. B.: „Unterschreibe diese Petition").
- Thumbnail: Wähle ein Vorschaubild, das vorteilhaft ist. YouTube bietet dir drei Bilder zur Auswahl.

### 3. Verbreite deine Videos.

Du solltest deine Videos auch per Newsletter, Facebook, Twitter usw. verbreiten. Geh nicht davon aus, dass deine Unterstützer regelmäßig in deinen YouTube-Kanal schauen.

### 4. Bespiele deinen Kanal.

Ziel deiner YouTube-Präsenz sollte es sein, einen nachhaltigen Kanal aufzubauen. Das heißt, du solltest dir Formate überlegen, die du regelmäßig veröffentlichst (z. B. ein Projekttagebuch oder einen Jahresfilm). Außerdem ist es sinnvoll, interessante Videos anderer Akteure aus deinem Themenbereich über deinen Kanal zu teilen. So schaffst du für deine Nutzer einen Mehrwert.

→ Mehr unter: www.youtube.com/nonprofits

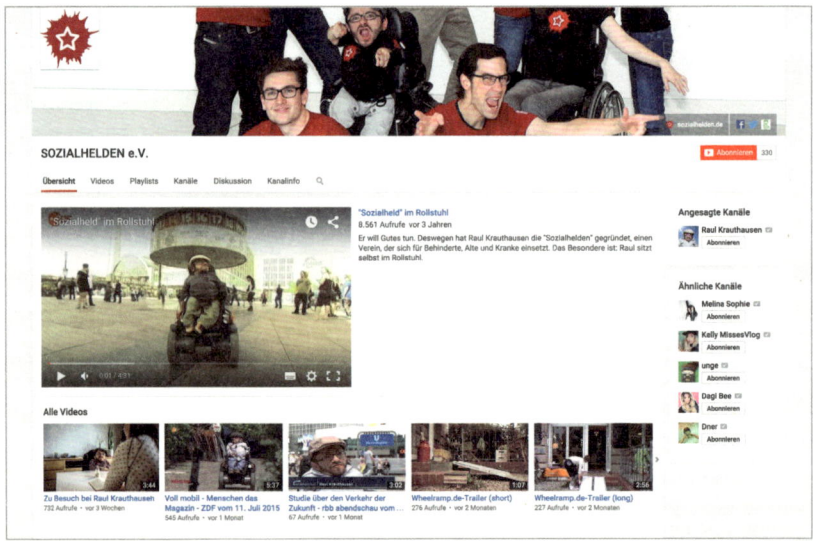

**Abbildung 19:** Die Sozialhelden posten auf ihrem YouTube-Kanal auch Beiträge aus Fernsehsendungen, in denen sie vorgestellt werden. So gibt es immer wieder frisches Material für den Kanal.

Abbildung 20: Die NPO Masifunde lässt auf ihrem YouTube-Kanal auch Begünstigte zu Wort kommen und hat ein besonders liebevolles Begrüßungsvideo ausgesucht.

## Gute Videos: Tipps für Konzept, Dreh und Schnitt

Weil Videos als Format im Internet immer häufiger gesehen und gegenüber Textbotschaften oft bevorzugt werden (weil leichter „verdaulich"), findest du hier die wichtigsten Tipps, mit denen auch du ohne großen Aufwand ein gutes Video für deine Organisation drehen kannst.

### 1. Planung
Für dein Konzept reichen schon ein paar Stichpunkte, damit du den roten Faden während des Drehs nicht verlierst. Frag dich – und zwar immer wieder:
- Was will ich wem erzählen, um Unterstützer für mein Fundraising zu gewinnen?
- Welche Kernaussage will ich mit meinem Film vermitteln?
- Wie passt diese Aussage in eine gute Geschichte (siehe Geschichten fürs Gute, Seite 50), mit der du deine Spender emotionalisierst?
- Welche Bilder unterstreichen die Aussage? Denk dabei aus Sicht des Zuschauers, der ohne Vorwissen den Film und deine Botschaft verstehen muss.

Ein einfaches Storyboard hilft bei der Planung: Trag in einer dreispaltigen Tabelle pro Szene links ein, was du vermitteln möchtest, in der Mitte die geplanten Bilder, also was du aufnehmen möchtest, und rechts den Text, der gesprochen oder eingeblendet werden soll. Schon steht dein Konzept und führt dich durch die Dreharbeiten.

## 2. Umsetzung

Nun die wichtigsten Tipps für den Dreh:

- Ruhiger Stand: Achte auf einen sicheren Stand (z. B. Stativ) damit du keine verwackelten Bilder im Film hast, die den Zuschauer ablenken.
- Gegenlicht vermeiden: Starke Lichtquellen (z. B. die Sonne) solltest du im Rücken haben. Bei zu wenig Licht kannst du mit einer weißen Pappe oder einem Stück Styropor Licht reflektieren und so das Gesicht des Gefilmten aufhellen.
- Der gute Ton: Ein schlechter Ton verdirbt die besten Bilder. Dreh das Mikro von lärmigen Hintergrundgeräuschen weg oder such einen ruhigen Ort. Bestenfalls überprüfst du bereits bei den Aufnahmen mit Kopfhörer den Ton.
- Zoom-Tabu: Nutze den Zoom nur, um die Einstellungsgröße zu ändern (den Zoomweg schneidest du später raus). Verschiedene Einstellungsgrößen (Nahaufnahme, Totale usw.) zu verwenden, bringt Abwechslung für den Zuschauer und erspart Zoomfahrten, die meist nur mit professioneller Kamera und einiger Übung gelingen.

- Schnittbilder: Damit du ein Interview schneiden kannst, ist es ratsam, ein paar Schnittbilder zu drehen. Das können zum Beispiel Nahaufnahmen der Hände oder Gegenstände im Raum des Interviewten sein. Die Bilder drehst du nach dem Interview. Wenn du das Interview im Schnitt kürzen willst, trennst du Ton- und Bildspur und legst die Schnittbilder über den Ton.

- Abwechslung: Nimm ungewöhnliche Perspektiven ein. Stelle die Kamera mal auf den Boden, um eilige Schritte zu zeigen, kleb die Kamera vorn an dein Fahrrad oder film eine Menschenmasse von oben. Ungewöhnliche Perspektiven faszinieren den Zuschauer. Beim Interview solltest du die Kamera jedoch immer auf Augenhöhe haben. (Den Kopf des Interviewten kannst du oben anschneiden, niemals jedoch unten am Kinn.)

- Tricks: Ein Zeitraffer bringt Dynamik in den Film. Stell die Kamera an einen ruhigen Ort und lasse sie mindestens 20 Minuten aufnehmen. Im Schnitt kannst du diese Sequenz beschleunigen und erhältst so einen Zeitraffereffekt. Das iPhone 6 und andere Handys können auch in Zeitlupe aufnehmen, was bei sehr schnellen Bewegungen (Sprung ins Wasser etc.) effektvoll sein kann.

### 3. Bearbeiten:

Ob iMovie, Movie Maker oder andere Schnittprogramme: Hilfreiche Tutorials findest du leicht über Suchmaschinen. Mit ein paar Kniffen machst du aus deinem Drehmaterial damit ein spannendes, emotional ansprechendes Video.

- Text im Bild: Gib den Zuschauern mit einem Titel eine Idee, was in den nächsten Minuten auf sie zukommt. Auch Interviewpartner sollten auf der Textebene kurz vorgestellt werden (Name und Beruf in einer sogenannten Bauchbinde unten).

- Ton und Bild: Hör dir den Film an. Der Ton sollte durchgehend die gleiche Lautstärke haben.
- Vor oder nach Bewegungen schneiden: Vermeide es, in Bewegungen zu schneiden.
- Der Hausfrauentest: Dein Film ist fertig? Doch weil du so intensiv daran gearbeitet hast, kannst du ihn nicht mehr objektiv bewerten. Bitte deshalb Freunde oder Kollegen, die das Video noch nicht kennen, um ihre kritische Sicht.

Mit jedem Film wird es dir leichter fallen, Ideen in Bildern auszudrücken, schnell durch den Schnitt zu gehen und ein neues Video hochzuladen. Der Aufwand lohnt sich! Filme lassen sich schnell teilen und haben in den Social- Media-Kanäle virales Potenzial.

# RICHTIG BITTEN
## KAMPAGNEN UND SPENDENAUFRUFE

*Jetzt wissen die Leute, dass es dich gibt, und sie sind bereit, dich und deine Organisation zu unterstützen. Es wird ernst: Du musst sie bitten, dir Zeit und Geld zu spenden. Fingerspitzengefühl ist gefragt, egal ob du einen Brief oder Newsletter schreibst oder eine Videobotschaft schickst. Die Bitte ist der Gipfel deiner Kampagne, und hier erfährst du von Experten und Machern, wie du professionell oben ankommst. Richtig nach der Spende fragen – der dritte Schritt im Spenderloyalitätszyklus.*

Frage nach
Engagement:
Die Spende

# 4.1 Richtig bitten mit Brief, Bild und Video

## Call to Action auf den Punkt gebracht.

*Björn Lampe, betterplace.org*

*250 Newsletter-Abonnenten, 500 Facebook-Fans und 100 Twitter-Follower hat deine Organisation inzwischen vielleicht. Doch gespendet hat noch niemand? Höchste Zeit, sich ans Bitten zu machen. Also einfach einen Text mit Spendenbitte schreiben, absenden und warten, dass die Spenden fließen? Nein, richtig zu bitten ist eine Kunst und bedarf viel Vorbereitung und Herzblut.*

Da ist zunächst das Medium: Soll ich meine Bitte per E-Mail versenden oder reicht ein Facebook-Post? Kommt drauf an und im Zweifelsfall beides. Generell gilt: In einer E-Mail hast du mehr Platz zum Überzeugen, über Social-Media-Kanäle werden hauptsächlich schnelle und emotionale Spenden-Entscheidungen angestoßen.

Bei E-Mails (also auch Newsletter) gilt es, zunächst die Zielgruppe festzulegen. Zwar kann es sinnvoll sein, den kompletten E-Mail-Verteiler mit einer einheitlichen Spendenbitte anzuschreiben. Der Normalfall sind aber unterschiedliche Bitten für unterschiedliche Segmente des Verteilers (Interessenten, Neuspender, Mehrfachspender etc., siehe Kapitel 6.0, Seite 132).

Wie bei jeder E-Mail-Kommunikation (vgl. Kapitel 2.3) ist bereits die Betreffzeile entscheidend. Auf das Wort „Spenden" solltest du im Normalfall in einer Betreffzeile immer verzichten – Ausnahmen können im Rahmen von Aufrufen bei (Natur-)Katastrophen sinnvoll sein. Stattdessen sind analoge Begriffe wie „unterstützen", „mithelfen" oder „geben" empfehlenswert, da diese den Mail-Empfänger nicht gleich abschrecken und die Mail dann nicht ungelesen bleibt. Erstes Ziel muss immer sein, dass die Empfängerin die E-Mail öffnet.

Auch wichtig ist das Layout, das unbedingt auch auf mobilen Geräten gut aussehen sollte, denn immer mehr Mails werden unterwegs gelesen. Am Anfang der Mail sollte ein Foto gezeigt werden. Das Foto muss auf den Spendenaufruf abgestimmt sein und bestenfalls den oder die Begünstigten zeigen – egal ob das Bäume, Tiere oder Menschen sind. Hier ist Authentizität wichtig: besser echte Fotos von vor Ort nutzen als gekaufte oder fremde. Unterschätzt wird dann oft die Bedeutung einer guten Bildunterschrift. Bei Eye-Tracking-Tests der Spendenaufrufe von Greenpeace Deutschland kam heraus, dass die Empfänger mehr Zeit auf die Bildunterschrift als auf das eigentliche Bild verwendeten und gute Bildunterschriften zu besseren Spendenergebnissen führten!

Im besten Fall hat der E-Mail-Empfänger die Mail nun geöffnet, kann sie auf dem Gerät seiner Wahl gut lesen und fühlt sich durch das Layout und das einführende Foto angesprochen. Nun ist der eigentliche Text der Mail entscheidend. Hier gelten drei Regeln:

**1. Sei knapp: Kaum jemand liest lange Mails.**
Lange Texte am Computer oder mobil zu lesen, ist mühsam. Zudem nehmen sich viele Menschen für Mails viel weniger Zeit als zum Beispiel für Briefe. Das gilt erst recht für werbliche Inhalte, und so werden die meisten Empfänger deine Mail zunächst einordnen. Umso mehr gilt: Sei kurz und knapp und bringe deine Bitte auf den Punkt.

**2. Sei präzise: genau eine Aufforderung.**
Überfordere den Empfänger nicht durch zu viele Möglichkeiten, mit denen er deine Organisation unterstützen kann. Es ist besser, eine klare Bitte um eine Geldspende zu formulieren, als auch noch Optionen zur ehrenamtlichen Mitarbeit oder für eine Sachspende zu geben. Der Empfänger soll nur eine Entscheidung treffen: Spende ich, ja oder nein? (Innerhalb der Geldspenden-Möglichkeit kann es sinnvoll sein, zwei oder drei Optionen für die Spendenhöhe zu geben, zum Beispiel „Spende 10 Euro für Schulbücher, 50 Euro für fünf Stunden Nachhilfe oder 100 Euro für einen neuen Stuhl.")

**3. Sei eindeutig: Zeige, wie die Spenden eingesetzt werden sollen.**
Es ist generell wichtig, dem Empfänger zu verdeutlichen, wofür seine potenzielle Spende genutzt werden soll. Erläutere, wem mit der Spende geholfen werden soll und wie die Spende einen Unterschied macht. Je konkreter die Botschaft, desto besser. Schreibe also „Ein Mantel hilft einem Obdachlosen, diesen Winter auf der Straße zu überleben" statt „Ihre Spende hilft mehr als 5.000 Menschen, um die wir uns kümmern".

Neben diesen grundsätzlichen Hinweisen ist auch die Beachtung der folgenden Tipps für die Bitte hilfreich. Dabei kommt es darauf an, die potenziellen Fragen der Empfängerin zu antizipieren und bereits im Bittschreiben zu beantworten:

- Warum ich? „Warum soll ausgerechnet ich spenden?" Um diese Frage zu beantworten, ist es wichtig, einen Bezug zum potenziellen Spender herzustellen. Das fällt umso leichter, je mehr du über ihn weißt (vgl. dazu Kapitel 6.1). Generell gilt: Versuche zu emotionalisieren, den Empfänger bei seinen Gefühlen zu packen. Nutze Fotos und Geschichten, mit denen sich der Empfänger identifizieren kann. Alternativ kannst du dich auch auf die direkte Beziehung zum Spender berufen: „Wir haben uns kürzlich auf unserem Sommerfest kennengelernt, heute benötigen wir Ihre Hilfe…".

- Warum jetzt? Gibt es einen Notfall, einen Termin, eine Frist? Erkläre dem Empfänger, warum du ihn jetzt kontaktierst. Die Terminierung kann sehr konkret sein („Für unser Sommerfest im Juli benötigen wir…"), eine Dringlichkeit beinhalten („Bis Ende April benötigen wir Ihre Hilfe, sonst können wir das geplante Sommercamp nicht durchführen.") oder auf übergeordnete Daten Bezug nehmen („Weihnachten ist…").

- Wer sagt es? Die meisten Spendenbitten werden aus der Perspektive der Organisation geschrieben. Es kann aber sinnvoll sein, Freiwillige und Spender sprechen zu lassen. Manche Organisationen nutzen auch Prominente, dann aber vor allem in der Neuspender-Ansprache. Prominente bergen immer das Risiko, dass sie polarisieren („Den finde ich doof.") oder der Abstand zum Spender zu groß ist („Soll der doch spenden, hat doch Geld genug!"). Anders verhält es sich bei Ansprachen durch Spender der Organisation. Wenn Oma Hildegard, die jeden Monat 5 Euro von ihrer Rente spendet, spricht, fühlen sich andere motiviert: „Was die kann, kann ich doch auch!" Ähnliches gilt für die Ansprache durch Ehrenamtliche. Der Empfänger kopiert entweder das Verhalten („Das mache ich auch.") oder möchte für einen Ausgleich sorgen („So viel Zeit habe ich leider nicht, aber 50 Euro spenden kann ich.")

- Was passiert mit meiner Spende? Sei transparent bei der Spendenverwendung. Damit ist nicht nur – wie oben erwähnt – der Einsatz der Spende im Projekt gemeint, sondern auch die Aufschlüsselung der Kosten für Spenderwerbung, Projekt-Administration etc. Die Organisation Viva con Agua nutzte früher für die transparente Aufstellung diese einfache Tortengrafik:

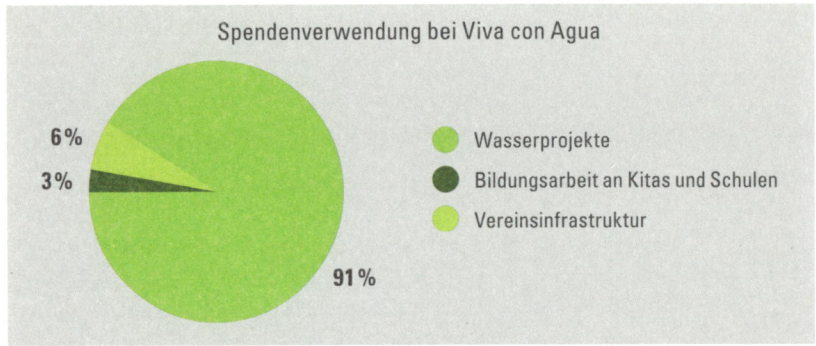

Abbildung 21: Auf einen Blick erfährt der Spender wie Viva con Agua seine Spende einsetzt.

Für den Spender ist einfach und schnell verständlich: Von seinen 100 Euro fließen 91 Euro direkt ins Projekt, 3 Euro in die Bildungsarbeit und 6 Euro in die Vereinsinfrastruktur – übrigens ein deutlich charmanterer Begriff als Verwaltungskosten.

Diese Hinweise gelten nicht nur für E-Mail-Bitten, sondern auch für entsprechende Fotos und Videos. So hat beispielsweise Save the Children Deutschland mit Spendenaufrufen in Form kleiner Fotogeschichten experimentiert. Die Fotos erzählten die Geschichte eines unterernährten

Abbildung 22: Dieser Spendenaufruf von Save the Children Deutschland arbeitet mit einer Fotogeschichte.

Mädchens, dem mithilfe von Nahrungsmittel-Spenden und medizinischer Versorgung wieder auf die Beine geholfen wird.

Häufiger werden inzwischen Videos für Spendenaufrufe verwendet. Entweder um direkte Eindrücke aus dem zu unterstützenden Projekt zu vermitteln oder um eine direkte Ansprache durch die Organisation oder einen (prominenten) Botschafter zu transportieren. Bedacht werden sollte, dass Fotos und Videos zwar stark emotionalisierend wirken können, aber kurze und knappe textliche Spendenaufrufe meist schneller durch den Empfänger erfassbar sind.

Um diese schnelle Erfassbarkeit geht es auch bei Spendenaufrufen über Social-Media-Kanäle. Hier sind kurze, knackige Texte mit einem passenden Foto gefragt. Entscheidend ist die Verständlichkeit: Besonders auf Facebook oder Twitter bekommen deine Botschaften nur wenige Sekunden Aufmerksamkeit, in denen die oben aufgeführten Fragen beantwortet sein müssen. Nur dann besteht die Chance, dass der Empfänger den Spendenbutton klickt.

In sozialen Medien kann man durchaus ein wenig ausprobieren und verschiedene Spendenbitten auf ihre jeweilige Reichweite und Conversion testen. Das gilt auch für Newsletter, die im A/B-Testverfahren geprüft werden können (siehe Kapitel 7.4, Seite 159).

Egal, über welchen Kanal der Spendenaufruf erfolgt: Alle brauchen einen klaren „Call to Action", also eine Handlungsaufforderung. Oft bietet sich ein einfaches „Jetzt spenden" oder konkreter „Jetzt 20 Euro spenden" an. Dem Empfänger muss jedoch klar werden, welche Aktion sich hinter dem Button oder Link verbirgt. Wenn er auf „Jetzt spenden" klickt, sollte er nicht auf einer Webseite landen, die noch einmal den Text des Spendenaufrufs enthält. Ist der Text jedoch eher ein Anriss und soll zum Beispiel auf ein Video verweisen, sollte der Button „Jetzt Spendenaufruf ansehen" oder ähnlich heißen.

Entscheidend ist, dass nach dem Klicken eines „Jetzt spenden"-Buttons oder -Links der potenzielle Spender klar und einfach zur Spende geführt wird. Am besten landet er direkt auf einer Seite mit einem Online-Spendenformular – bevorzugt auf der Webseite der eigenen Organisation – ggf. aber auch auf einem Spendenportal. Stell sicher, dass auf dieser Seite als Alternative auch die Bankverbindung deiner Organisation zu finden ist. Nun hat der Spender also alle Optionen, um schnellstmöglich an deine Organisation zu spenden – und damit deiner Bitte nachzukommen.

# 4.2 „Wenn jetzt jeder einen Euro spendet, dann…"

## Viva con Agua verrät das Geheimnis seines Fundraising-Erfolgs.

*Moritz Meier, Viva con Agua*

*Die Trinkwasserorganisation Viva con Agua de Sankt Pauli e. V. spricht vor allem junge Menschen an. Mit Aktivitäten in den Bereichen Musik, Sport und Kunst wandelt die NPO abseits klassischer Spenderpfade und konnte so über die Jahre eine große Fan- und Supporter-Gemeinde aufbauen. Moritz Meier, Fundraiser bei Viva con Agua, berichtet.*

Ein großer Vorteil unserer jungen Zielgruppe ist, dass sie sich selbstverständlich und regelmäßig online bewegt. Unsere Supporter haben keine Angst vor Online-Banking und nutzen Bezahlsysteme wie PayPal, Sofort Überweisung und Kreditkarte. Das ist eine wichtige Voraussetzung für unsere Spendenaufrufe, denn die besten Ideen verpuffen, wenn die Spender davor zurückschrecken, ihre Daten in ein Online-Formular einzugeben. Aber eine junge Zielgruppe hat auch ihre Besonderheiten, die es nicht immer leicht machen, tatsächlich auch Spenden zu generieren:

### 1. Überangebot an Informationen

Es ist schwierig, die Aufmerksamkeit junger Menschen zu bekommen, da sie täglich über Facebook, Twitter oder Instagram mit Eindrücken bombardiert werden. Viele bewegen sich sogar ausschließlich in sozialen Medien und sind über klassische Medien (Zeitungen, Radio, TV und manchmal sogar E-Mail) gar nicht zu erreichen. Dieser Herausforderung begegnen wir bei Viva con Agua mit einem einfachen Mittel: Wir trommeln auf genau diesen sozialen Medien laut mit! So werden wir ein selbstverständlicher Teil des Informationsflusses und gelangen ins Blickfeld unserer Zielgruppe.

Das passiert natürlich nicht von heute auf morgen, und man braucht einen langen redaktionellen Atem. Aber steter Tropfen höhlt bekanntlich den Stein, und so konnten wir im Verlauf der letzten vier Jahre zehntausende Fans allein auf unserer Facebook-Seite gewinnen. Unsere tägliche Kommunikation besteht dabei nicht nur aus unzähligen Spendenaufrufen, sondern aus kleinen spannenden, witzigen oder informativen Häppchen. Damit stellen wir sicher, dass ein expliziter Spendenaufruf, den wir gelegentlich einstreuen, auch auffällt.

## 2. Unterversorgung mit Geld

Die meisten jungen Menschen haben einfach noch nicht genügend Geld um sich ernsthaft über das Thema Spenden Gedanken machen zu können. Wenn man den Statistiken glaubt, spendet der durchschnittliche Spender in Deutschland zwischen 150 Euro und 200 Euro im Jahr. Für einen Studenten oder Auszubildenden ist das eine ganze Stange Geld, auf die sie oder er nicht so einfach verzichten kann. Und sollten doch einmal 200 Euro beim Wäschewaschen in der Hosentasche auftauchen, stehen ein neues Handy oder das Open-Air-Festival im Sommer auf der Wunsch-Liste weit vor „an eine gemeinnützige Organisation spenden".

Das bedeutet für Viva con Agua in der Praxis, dass wir uns auf Kleinst-Spenden eingestellt haben und immer nach charmanten Ideen suchen, wie wir unsere junge Zielgruppe davon überzeugen können, dass auch kleine Beträge ein wichtiger Beitrag zu etwas Großem sind.

## Fallbeispiele

### „Wenn jeder von euch jetzt einen Euro spendet, dann…"

Mit diesem Satz haben wir innerhalb von 24 Stunden fast 300 Einzelspenden ausgelöst. Normal sind für uns eher 2–5 Spenden pro Tag.

Anlass dieses Spendenaufrufs war der 40.000. Fan unserer Facebook-Seite. Wir haben die Gelegenheit genutzt, um unseren Fans zu zeigen, was sie gemeinsam mit einer kleinen Spende schon erreichen können.

Es haben fast alle Spender zehn Euro oder sogar mehr gespendet, so dass in wenigen Stunden ein paar tausend Euro nur über diesen einen Aufruf zusammenkamen. Damit konnten wir zwar keine zwei Brunnen bauen, aber doch hunderten Menschen den dauerhaften Zugang zu sauberem Trinkwasser und sanitärer Versorgung ermöglichen. Und es hat uns gezeigt, dass auch über Facebook erfolgreiche Spendenaufrufe möglich sind.

### Du bist der Tropfen! Werde Fördermitglied

Ein weiteres Beispiel für eine simple, aber erfolgreiche Aktion, die wir im Online-Fundraising umgesetzt haben, war die (Um-)Gestaltung unseres Registrierungsformulars für Fördermitglieder. Wie vermutlich jeder Verein freut sich auch Viva con Agua über Fördermitglieder, die mit ihren jährlichen Mitgliedsbeiträgen die Arbeit des Vereins unterstützen. Deshalb sind wir stetig bemüht, neue Fördermitglieder zu gewinnen und bestehende zu halten.

Den Mitgliedsantrag fand man schon immer auf unserer Website als PDF zum Download, der Mindestbeitrag lag bei 36 Euro pro Jahr, und jeder konnte diesen Betrag im Formular freiwillig erhöhen. In der Praxis hieß das: Ein potenzielles Fördermitglied musste das PDF runterladen, ausdrucken, sich überlegen, ob es die 36 Euro aufstocken möchte, den Antrag ausfüllen und dann per Post oder per Fax an Viva con Agua senden.

Weil das sehr umständlich ist und lange dauert, ist so manche Interessentin leider wieder abgesprungen. Die Zahl der Neuanträge war so gering, dass wir dieses Verfahren unbedingt vereinfachen wollten. Auch die Anzahl der Fördermitglieder, die freiwillig mehr als die vorgeschlagenen 36 Euro gezahlt haben, war überschaubar.

Deshalb haben wir nicht nur ein Online-Formular entworfen, sondern auch neue Kategorien von Fördermitgliedern eingeführt, um sowohl mehr Mitglieder als auch solche mit höheren Beiträgen zu gewinnen.

Der Antrag kann nun bequem online auf unserer Website ausgefüllt und abgeschickt werden. Es sind kein Download, kein Ausdruck und kein Gang zur Post mehr nötig (obwohl wir diese Option immer noch anbieten). Auch trotz leerer Druckerpatronen oder fehlender Briefmarken kann man nun Fördermitglied bei Viva con Agua werden.

Damit die Menschen auch freiwillig und mit gutem Gefühl höhere Mitgliedsbeträge zahlen, haben wir uns eines einfachen Tricks bedient, der auch in anderen Branchen gut funktioniert: Gib dem Kind einen wohlklingenden Namen!

Wenn Menschen bereit sind, den doppelten oder dreifachen Jahresbeitrag für ihre Kreditkarte zu zahlen, nur weil sie silbern oder golden bedruckt ist (und einige Zusatzfunktionen enthält, deren Gegenwert die Mehrkosten aber nicht rechtfertigt): Warum dieses Prinzip nicht auch im Spenden-Bereich nutzen? Deshalb haben wir Kategorien im Mitgliedsantrag eingeführt (siehe Abbildung 23)

Diese einfache Umstellung hat zu einem deutlichen Wachstum der Anzahl unserer Fördermitglieder geführt. Zeitgleich haben wir aber auch mehr zum Thema Fördermitglieder kommuniziert – das Wachstum kann also auch darauf zurückgeführt werden.

# Werde FÖRDERMITGLIED

**JA**, ich möchte Teil des Vereins werden! Ich werde Fördermitglied mit einem Jahresbeitrag von:

◯ 50 € TROPFEN     ◯ 250 € QUELLE

◯ 150 € BRUNNEN     ◯ ............ € Individueller Betrag (Minimum 50 €)

Deine Daten nutzen wir nur für die Mitgliederverwaltung!
Wir geben nix an Dritte weiter!

**Abbildung 23:** Frisches Format für Mitgliedschaften bei Viva con Agua.

Was aber direkt mit der Umstellung des Formulars in Verbindung gebracht werden kann, ist die Höhe der Mitgliedsbeiträge: Statt wie bisher überwiegend Anträge über 36 Euro zu bekommen, ist der Durchschnitts-Beitrag auf mehr als 80 Euro gestiegen. Viele Mitglieder wählen also nicht, wie wir erwartet hatten, den neuen Mindestbeitrag von 50 Euro (immerhin 38 Prozent mehr als der alte Mindestbeitrag), sondern möchten gleich den Gold- oder Silberstatus als Brunnen- oder Quelle-Mitglied.

Wir sind überzeugt, dass diese positive Entwicklung nicht nur im Bereich Fördermitglieder funktioniert, sondern auch auf Spenden und andere Bereiche anwendbar ist. Wir arbeiten schon an neuen Ideen und sind gespannt, welche Entwicklungen wir bei Viva con Agua in Zukunft noch beobachten und mitgestalten können.

# 4.3 Kampagnenplanung

## Mit der richtigen Strategie deine Botschaft SMART verbreiten.

*Eva Hieninger, freie Campaignerin*

*Um am Spendenziel anzukommen, musst du den Weg kennen. Du brauchst einen Plan. Doch wie funktioniert Kampagnenplanung eigentlich? Was muss man bedenken, bevor man an die Öffentlichkeit geht? Soll das Image der Organisation gestärkt, sollen Unterstützer für eine Kampagne gewonnen oder Spenden akquiriert werden? Bis wann soll welches Ziel erreicht werden, und durch welche Kennzahlen weiß man, dass es erreicht wurde?*

Um vor lauter Fragen nicht den Kopf zu verlieren, solltest du einen Zielfindungsprozess starten. Denn nur mit einem klar definierten Ziel kannst du am Ende evaluieren, ob das Ziel erreicht wurde. Bei der Zieldefinition hilft die sogenannte SMART-Formel: Das Ziel soll spezifisch, messbar, akzeptiert, realistisch und terminierbar sein.

### Beispiel für ein SMARTes Ziel:

**Spezifisch:** Deine Kampagne soll 10.000 Spender und Unterstützer generieren.

**Messbar:** 20.000 Euro Spenden, 10.000 Unterschriften in der Online-Petition, 5.000 Facebook Fans, 2 Volunteers sollen dabei herauskommen.

**Akzeptiert:** Alle im Team sollten mit dem Ziel und den messbaren Größen einverstanden sein.

**Realistisch:** Kläre folgende Fragen: Ist es realistisch, 10.000 Unterschriften zu generieren? Kann man davon ausgehen, dass die Unterzeichner jeweils 2 Euro für die Kampagne spenden? Haben wir genügend Marketingbudget, um die Spendenaktion sowie die Facebook-Fanpage zu bewerben? Reichen zwei Monate, um die Ziele zu erreichen?

**Terminierbar:** Die messbaren Ziele sollen innerhalb von zwei Monaten ab Start der Kampagne erreicht sein.

### Wer soll erreicht werden? Die Zielgruppe

Es ist wichtig, seine Zielgruppe klar zu definieren. Wen soll die Botschaft ansprechen? Junge Menschen zwischen 18 und 30 oder die Altersgruppe ab 40 Jahren? Menschen auf dem Land oder Städter? Sobald die Zielgruppe klar ist, gilt es, ihre Bedürfnisse herauszufinden und Schnittstellen mit der eigenen Botschaft zu bilden. Denn wenn die Kampagne die Bedürfnisse der Zielgruppe bedient, können sich die Menschen damit identifizieren. Außerdem verringert hohe Relevanz die Gefahr, dass sich die potenziellen Unterstützer belästigt fühlen und die Botschaft als Werbung abtun. Relevanz steigert auch die Spendenwahrscheinlichkeit und die Bindung zur Botschaft der Kampagne und zur Organisation.

Besonders wenn du überwiegend online kommunizierst, sollte dir klar sein, dass aus der Zielgruppe eine Interaktionsgruppe wird. Das bedeutet, dass deine Botschaft nicht nur in eine Richtung geht, sondern die Menschen aus der Zielgruppe auch zurückkommunizieren können. Überlege dir, wie du mit positiven und kritischen Reaktionen umgehen wirst (siehe Seite 70).

### Marktbedingungen, Chancen und Risiken

Auch NPOs agieren in einem Wettbewerbsumfeld. Deshalb musst du gucken, welche Wettbewerber sich wie im Markt bewegen. Gibt es andere Organisationen, die sich auf ähnliche Weise mit deinem Thema auseinandersetzen? Ist der Markt klein und stark umkämpft? Finde heraus, was deine Spendenkampagne von den anderen Organisationen unterscheidet. Und wäge Chancen und Risiken gegeneinander ab – überlege dir vor Start der Kampagne Maßnahmen, um Risiken entgegenzuwirken zu können.

### Welche Kanäle?

Bei der Wahl der Kommunikationskanäle ist wichtig, nicht nur in Maßnahmen zu denken, sondern strategisch vorzugehen. Nicht jede Maßnahme passt zu jeder Zielgruppe: Finden die Leute deine Botschaft überwiegend auf deiner Website? Wird die Website über Suchmaschinen gefunden? Wonach sucht eine Person, wenn sie zu deinem Thema spenden will? Wo sind Berührungspunkte, an denen deine Zielgruppe mit deiner Botschaft in Kontakt kommt? Ist deine Zielgruppe in sozialen Medien zu finden oder musst du auch traditionelle Kanäle nutzen? Auch Facebook-Werbung, Google AdWords und E-Mail-Marketing können für den Erfolg wichtig sein. Voraussetzung ist, dass die Maßnahmen strategisch aufeinander aufbauen.

## Kosten: Zeit, Geld und Personal

Nicht jede Maßnahme ist kostenlos, und fast alle Kanäle bedürfen intensiver zeitlicher Betreuung und Expertise. Hast du zu wenig Zeit, Geld und Personal, ist dein Ziel vielleicht nicht SMART. Wer was wann macht, muss du also vor dem Start deiner Kampagne klären.

Hier helfen Kick-off-Meetings. In diesen Treffen kommunizierst du das Projekt mit Ziel und Zielgruppe an alle wichtigen Beteiligten. Der Kick-off ist eine gute Gelegenheit, die Kollegen abzuholen und für das Projekt zu begeistern. Jeder kann auf Fallstricke hinweisen und Bedenken äußern, welche die Kernprojektgruppe möglicherweise übersehen hat. Ihr könnt den Zeitplan besprechen, Verantwortlichkeiten verteilen sowie Vertretungsregelungen bestimmen. Um zu überprüfen, ob alles nach Plan läuft, sind regelmäßige Follow-up-Meetings sinnvoll. Neben dem aktuellen Projektstand kann das Team hier auch Zwischenergebnisse kommunizieren.

## Ziel erreicht?

Während der Kampagne heißt es messen, messen, messen. etracker, Google Analytics oder Piwik stellen beispielsweise Daten über die Website-Besucher in Echtzeit zur Verfügung. Und mit dem sogenannten E-Commerce-Tracking kannst du ermitteln, welche Maßnahme wie viele Euros generiert, um entsprechend zu optimieren. Auch nicht finanzielle KPIs (Key-Performance-Indicators) kannst du mit Online-Analyse-Tools messen: Wie viele Unterschriften habe ich mit meiner Aktion gesammelt? Wie viele neue Newsletter-Abonnenten gewonnen? Wie lange blieben die Leute durchschnittlich auf meiner Landingpage? Diese Daten helfen dir auch bei der Evaluation nach der Kampagne für deine nächste Aktion.

*Nicht vergessen:*

- *Definiere vor dem Start der Kampagne ein spezifisches, messbares, akzeptiertes, realistisches und terminiertes Ziel (SMART).*
- *Überlege dir, wen du ansprechen willst und was die Bedürfnisse deiner Zielgruppe sind. Wähle auf dieser Grundlage deine Marketing-Kanäle.*
- *Analysiere das Marktumfeld und überlege dir im Vorfeld Maßnahmen für kritische Reaktionen.*
- *Beziehe dein Team ein und etabliere regelmäßige Follow-up-Meetings.*
- *Miss deine Erfolge mit Online-Analyse-Tools und passe die Maßnahmen entsprechend an.*

*Interview*

# 4.4 „Wir hatten großes Vertrauen in unsere Megafone"

**Jakob Skatulla über die erfolgreiche Spendenkampagne der Organisation L'appel.**

*Die Entwicklungshilfe-Organisation L'appel hat beim Online-Helden-Wettbewerb 2014 abgeräumt. In nur zwei Wochen konnten die 20 Studenten und Mitglieder des Vereins mehr als 500 Spender mobilisieren. Vereinsmitglied Jakob Skatulla über Flohmarkt versus Facebook und wie man aus Unterstützern Multiplikatoren macht.*

**Jakob, wie habt ihr eure Fundraising-Kampagne geplant?**

Zunächst haben wir mit drei Leuten das Konzept unserer Kampagne entwickelt und aufgeschrieben. Mit dem Hashtag #meinappell wollten wir auf unsere Arbeit in Ruanda aufmerksam machen und in kurzer Zeit möglichst viele Spenden sammeln. Das hat besser geklappt, als erwartet.

Nach dem Motto: Was du gut kannst, das mach noch besser, haben wir uns auf die Kanäle konzentriert, die sowieso schon gut liefen. Das waren bei uns die Homepage, Facebook und Twitter. Auf der Homepage lieferten wir alle Basis-Informationen zur Kampagne – also warum wir das machen und um was es geht. Die Kampagne selbst lief dann hauptsächlich auf Facebook und Twitter. Um potenzielle Unterstützer auf dem Laufenden zu halten, haben wir außerdem unseren Newsletter wiederbelebt, mit regelmäßigen Zusammenfassungen und kurzweilige Kampagnen-Infos.

**Wie ist die Kampagne dann gezündet?**

Am Anfang haben wir uns auf unsere persönlichen Verbindungen konzentriert und versucht, möglichst wichtige Multiplikatoren, wir nennen sie Megafone, zu identifizieren. Das haben wir auf zwei Wegen gemacht. Zum einen haben wir an alle unsere Mitglieder einen kurzen Fragebogen geschickt, der ihnen helfen sollte, wichtige Kontakte zu identifizieren. Zum anderen haben wir unsere Facebook-Statistiken ausgewertet und geguckt, wer hier besonders häufig mit uns interagiert. Nachdem wir unsere Megafone identifiziert hatten, haben wir sie auf verschiedenen Wegen, zum Beispiel per WhatsApp, mit den wichtigsten Informationen zu unserer Kampagne versorgt.

**Wie waren die Reaktionen?**

Es kamen innerhalb weniger Wochen unglaublich viele verschiedene Aktionen zustande. Zum Beispiel hatten wir einen Fernsehauftritt, mehrere Radio-Interviews, eine kleine Impro-Theater-Show und eine Kneipen-Tour in Köln auf dem Zettel – alles im Namen unserer Kampagne. Wir sind mit unglaublich vielen Menschen ins Gespräch gekommen – und konnten so richtig viele Spender mobilisieren.

**Viele Vereine haben die Sorge, dass sich ihre Mitglieder verselbständigen. Ging bei euren vielen Ideen auch mal eine schief?**

Nein, ganz im Gegenteil. Ich denke, diese Aktionen waren entscheidend für die Schlagkraft unserer Kampagne. Du kannst die Online-Kanäle nur füttern, wenn du auch offline aktiv bist. All die Aktionen haben uns jede Menge Kampagnenstoff gebracht. Außerdem hatten wir großes Vertrauen in unsere Megafone. Sie waren durch das Infomaterial gut vorbereitet und konnten uns jederzeit um Rat fragen. Ich denke auch, dass man niemals den individuellen Impuls von Unterstützern unterdrücken sollte. Wir sagen einfach: Mach es, wir geben dir gern Tipps, und dann leg los.

**Was ist für den Erfolg einer Kampagne wichtiger: online oder offline?**

Das kommt darauf an, welches Ziel man hat. Viele Geldspenden haben wir durch unsere Offline-Aktionen nicht gesammelt. Online hingegen konnten wir viel mehr Menschen mit weniger Aufwand erreichen und Aufmerksamkeit für unsere Arbeit wecken. Aber für die Spenden waren unsere Megafone entscheidend. Die direkten Kontakte unserer Megafone und die persönliche Ansprache ihrer Eltern oder Freunde haben die Spenden getrieben, nicht, dass wir in Köln auf dem Flohmarkt einen Stand hatten oder noch mehr Facebook-Freunde.

**Sollte man solche Offline-Aktionen dann nicht bleiben lassen? Das kostet ja viel Energie.**

Ja, das stimmt. So einen Stand zu betreuen, ist anstrengend. Man vergisst aber schnell, dass solche Events die Beziehungen zwischen Unterstützern und Vereinsmitgliedern stärken. Wenn man tolle Gespräche mit Passanten führt und gemeinsam Spaß hat, nimmt man positive Energie mit nach Hause. Dann ist auch egal, ob dabei viele Spenden rumgekommen sind. Denn gute, zufriedene Unterstützer sind unbezahlbar.

**Online-Helden**
Die Online-Helden sind ein kostenloses Bildungsprogramm für soziale Organisationen
von betterplace.org. Online-Tutorials, Webinare und ein Campus-Wochenende
machen die Teilnehmer fit fürs Spendensammeln im Internet.

Mehr über die Online-Helden erfährst du hier:

→ *www.onlinehelden.org*

**Jakob Skatulla**
*Mitglied des Vereins L'appel*

Zum Weiterlesen:
Mehr über NPO Kampagnen findest du unter: Rose, Chris, How to Win Campaigns,
Taylor&Francis, 2010.

# RICHTIG DANKEN
## DEN SPENDER WERTSCHÄTZEN UND ERFOLGE BERICHTEN

Wertschätzung und Respekt sind selbstverständlich, besonders wenn dir jemand seine Zeit oder sein Geld gespendet hat. Doch auch Danken will gelernt sein. Nicht nur Form und Wortwahl sind wichtig. Auch über die Wirkung der Spenden solltest du berichten. Gib dem Unterstützer und seiner Spende Sinn. Das ist seine Belohnung, und die motiviert ihn, dich auch weiterhin zu unterstützen. Wie du auch den vierten und fünften Schritt des Spenderloyalitätszyklus gehst, ohne zu stolpern, erfährst du in diesem Kapitel.

Bekräftigung: Danke –
gute Entscheidung!

Berichten: Hier hast du
einen Unterschied gemacht

# 5.1 Persönlich, schnell und kreativ

## So gelingt das Danke.

*Leonie Gehrke, betterplace.org*

*Fundraising ist kontinuierliche Beziehungs- und Kommunikationsarbeit – online wie offline. Dabei darf man auf keinen Fall vergessen, Danke zu sagen und dadurch den Spender und seine Spende wertzuschätzen. Dass die Bedeutung des Dankes im Fundraising noch oft verkannt wird, zeigt die verbreitete Praxis, sich erst ab einer definierten Spendenhöhe persönlich zu bedanken. Danken will also gelernt sein. Wer ein paar Tipps beachtet, verbessert dadurch das Verhältnis zu seinen Spendern und kann aus einem Erstspender einen Mehrfach- oder Dauerspender machen.*

### Schnell danken

Es ist kontraproduktiv, wenn der Spender erst mit der (Sammel-)Spendenquittung im Folgejahr wieder von „seiner" Organisation hört. Denn je schneller das Danke kommt, desto besser: Eine zeitnahe Rückmeldung spricht für die Verlässlichkeit und Professionalität einer Organisation. Verzögerung hingegen provoziert Misstrauen, ob die Spende ihr Ziel überhaupt erreicht hat. Ähnlich wie Konsumenten fragen sich auch Spender, ob eine Ausgabe sinnvoll und in der Höhe tatsächlich notwendig gewesen war. Ein rascher Dank gibt das gute Gefühl, die richtige Entscheidung getroffen zu haben.

Zeitliche Nähe stärkt auch die Identifikation mit dem Projekt und erhöht die Wahrscheinlichkeit, dass der Spender auf eine Dankesnachricht antwortet und damit den Grundstein für eine aktive Spenderbeziehung legt. Weil besonders im Internet zeitnahes Feedback erwartet wird, ist die Reaktionsgeschwindigkeit beim Online Fundraising entsprechend wichtig. Ein Like in sozialen Netzwerken, eine Versandbestätigung beim Online-Einkauf oder die Antwort auf eine E-Mail kommen innerhalb kürzester Zeit. Die Reaktion auf eine Onlinespende sollte auch nicht mehrere Tage auf sich warten lassen, zumal sie kaum Ressourcen kostet.

### Persönlich und ausführlich danken

Phrasen und standardisierte Mails sollte man vermeiden. Denn aus individuellen Dankesnachrichten – insbesondere im Internet – können sich schnell persönliche Interaktionen entwickeln. Persönlich zu danken, heißt aber nicht nur, jedem einzelnen Spender zu danken, sondern ihm auch die Wirkung seiner Spende zu verdeutlichen. NPOs, die mit konkreten Projektbedarfen arbeiten, sollten sich die W-Fragen stellen. Wem wird mit der Spende geholfen? Wo, wie und wann wird sie eingesetzt? Warum war die Spende wichtig?

Ein Beispiel: „Mit deinen 50 Euro hast du soeben der achtjährigen Choti in Laos ermöglicht, vier Monate die Grundschule zu besuchen." Oder: „Es kann losgehen! Denn durch deine 100 Euro können wir endlich die dringend benötigten Flyer drucken. Unserer Initiative steht somit nichts mehr im Weg. Herzlichen Dank!"

Noch persönlicher als der Dank per E-Mail oder Dankesbrief ist der Anruf beim Spender. Taten sie es bis vor wenigen Jahren nur bei Großspenden, greifen Organisationen nun auch vermehrt bei kleineren Spenden zum Hörer. Ob dabei die Kosten den Nutzen rechtfertigen, muss jede Organisation selbst entscheiden.

**Kreativ danken**

Es gibt Alternativen zu Briefen oder textlastigen E-Mails. Gerade im Online-Bereich sind der Kreativität keine Grenzen gesetzt. Und Kreativität ist nicht gleichbedeutend mit einem hohen Aufwand: Ein spontanes Dankesvideo braucht keine Vorbereitung oder großes Know-how. Innerhalb weniger Minuten kann es mit jedem Smartphone aufgenommen, hochgeladen und verschickt werden. Auf diese Weise lässt sich auch gleich der Projektort oder das Team zeigen. Ein Beispiel aus dem Crowdfunding: Eine kleine Privatbrauerei in Berlin verschickt an ihre Unterstützer kurze, selbstgedrehte Dankesvideos, in denen die Brauer auf den neuen Unterstützer anstoßen.

Auch Bilder können Danke sagen. Einige Organisationen pinseln den Namen der Spender auf Plakate und schicken ihm ein Foto mit kurzer Dankesnachricht davon.

Man kann auch den jeweiligen Hilfeempfänger eine Dankesmail, einen Dankesbrief oder ein Dankesvideo gestalten lassen. Durch die Personalisierung wird der Organisation ihre Anonymität genommen und das Vertrauen gestärkt. Gleiches gilt für die Einbindung sogenannter Testimonials, also Zitate prominenter Fürsprecher. Beispiel: Eine kleine Hilfsorganisation engagiert sich für Bildungsprojekte in Afrika. Die Kinder malen mit Farbe die Namen der entsprechenden Spender auf Schulbänke. Jeder Spender bekommt ein Foto „seiner" Bank.

## Öffentlich danken

Eine Danksagung sollte nicht von der Spendenhöhe abhängen. Einem Studenten, der einige Euro vom Bafög spendet, dankt man ebenso öffentlich wie dem Großspender. Das zeigt Respekt und verdeutlicht, dass jeder Betrag eine wichtige Unterstützung ist. Dabei muss man beachten: Ein Spender muss der Veröffentlichung seines Namens vorher zustimmen. Beim öffentlichen Dank an Unternehmen sollte man jedoch vorsichtig sein, da eine Spende dann als Sponsoring gewertet werden kann (Gemeinnützigkeit und steuerliche Absetzbarkeit der Spende).

Es gibt viele Möglichkeiten, öffentlich zu danken: Die Nennung kann während eines Festes, in einer Rundmail, in Lokalzeitschriften oder organisationseigenen bzw. internen Publikationen erfolgen. Auch Urkunden, Anstecknadeln oder Medaillen machen eine Zugehörigkeit sichtbar. Denn der öffentliche Dank steigert die Identifikation des Spenders mit „seiner" Organisation.

Über die jeweilige Homepage oder Social-Media-Kanäle können Bekannte und Freunde von der Unterstützung erfahren und sie weiterverbreiten. Einige NPOs haben auf ihrer Homepage einen separaten Bereich für ihre Unterstützer und Spender, um sie vorzustellen und zu Wort kommen zu lassen.

Beispiel: Die US-amerikanische NPO „charity: water" engagiert sich für sauberes Wasser in Entwicklungsländern. Dazu ruft sie Privatpersonen auf, Aktionen zu initiieren und darüber Spenden zu sammeln. Diesen Unterstützern wird auf der Homepage viel Raum gegeben: Es gibt Porträts, Interviews und Profile. So wird den Unterstützern gedankt und Respekt gezollt, was wiederum andere Menschen motiviert, sich ebenfalls für charity: water zu engagieren.

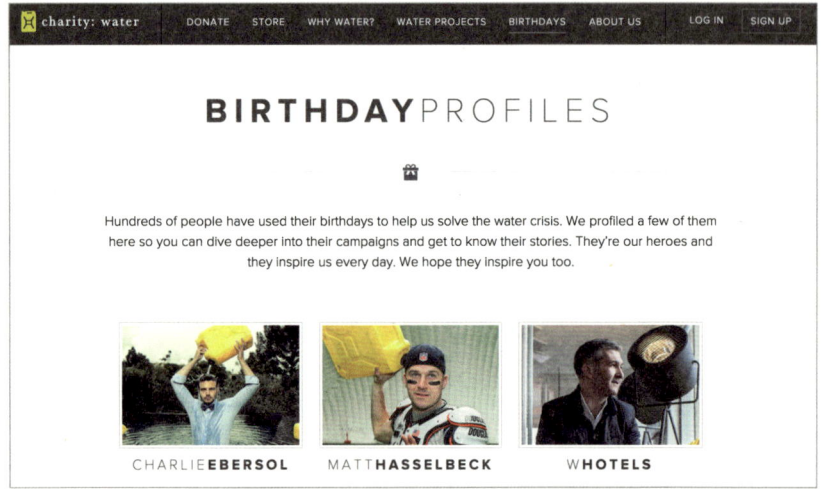

Abbildung 24: Auf der Homepage von charity: water bekommen ausgewählte Spender einen Ehrenplatz.

### Dank ausweiten

Man kann den Dank auch zu einer Einladung auszuweiten, etwa zu einer Grundsteinlegung oder Einweihung eines Ortes, den der Spender mit ermöglicht hat. Auch ein Neujahrsempfang, ein Tag der offenen Tür oder das jährliche Sommerfest eignen sich hier. NPOs, die im Ausland tätig sind, können zu Abenden einladen, an denen Mitarbeiter aus dem Einsatzland berichten. Neben den persönlichen Einladungen sollten die Termine auch in der Presse oder auf der Homepage veröffentlicht werden. Mit der Einladung kann man auch vorschlagen, sich bei einem Projekt ehrenamtlich zu engagieren oder Informationen zur Organisation zu verbreiten, um das Netzwerk zu erweitern. Denn nichts ist so vertrauenswürdig wie die persönliche Empfehlung eines Freundes.

Organisationen nutzen den Dank auch, um mehr über ihre Spender zu erfahren oder um über die eigene Angebots- und Projektvielfalt zu informieren und herauszufinden, was besonders interessiert. Der Spender kann auch zum Test neuer Publikationen eingeladen oder gebeten werden, die Homepage oder Facebook-Seite der Organisation zu teilen. Letzteres wäre auch im Rahmen einer telefonischen Spenderbefragung möglich. Generell ist aber bei der Ausweitung des Dankes zu einer Einladung zu beachten: Je mehr Auswahl es gibt, desto unverbindlicher wirkt die eine Einladung (thematischer Fokus).

## Dank als Spendenanfrage

Überweisungsträger im Brief, Kontodaten in der Mail oder die entscheidende Frage während des Anrufes: Ob der Dank mit einer erneuten Spendenanfrage kombiniert werden sollte, wird unterschiedlich bewertet. Selbst wenn es zu neuen Spenden führen kann, sollte das Risiko bedacht werden, dass die Bitte als maßlos empfunden wird. Allerdings kann es auch spendenauslösend sein, wenn, statt zu bitten, rein sachlich von einem aktuellen Notstand berichtet wird. Hier ist Fingerspitzengefühl gefragt.

Weitere Möglichkeiten bietet die Spendenbescheinigung. Viele Spender legen Wert darauf, sie zeitnah zu bekommen, und diesem Wunsch sollte man möglichst nachkommen. Einzelzuwendungsbestätigungen bieten die Chance, sich erneut zu bedanken und den Kontakt zu festigen. Vor dem Versand lohnen die Fragen: Handelt es sich um einen Erstspender? Oder war es die fünfte Spende innerhalb weniger Monate? Jeder Spender freut sich über eine individuelle individuelle Ansprache – in der man dann auch einfacher die Möglichkeit einer Dauerspende thematisieren kann (für mehr Informationen zur Gewinnung und Bindung von Dauerspendern siehe Seite 133).

## Strategie überprüfen

Wirkungsmessung ist auch beim Danken unverzichtbar: Die qualitativen Reaktionen der Spender sollten genau beobachtet werden. Welche Mails werden positiv aufgenommen und generieren ggf. weitere Spenden? Werden Einladungen wahrgenommen? Gab es Kritik? Hinzu kommen quantitative Indikatoren wie Abmeldungen vom Newsletter. Es gilt, entsprechende Rückschlüsse zu ziehen und gegebenenfalls Formulierungen oder die Strategie zu optimieren.

Zusammengefasst: Es gibt viele Arten, sich zu bedanken. Wer es schafft, schnell, kreativ und persönlich auf eine Spende zu reagieren, macht seinen Unterstützern eine Freude. Und wer Freude hat, kommt wieder.

Zum Weiterlesen:

Naskrent, Julia, Verhaltenswissenschaftliche Determinanten der Spenderbindung. Eine empirische Untersuchung und Implikationen für das Spenderbindungsmanagement, Peter Lang, Internationaler Verlag der Wissenschaften, 2010.

Urselmann, Michael, Fundraising. Professionelle Mittelbeschaffung für steuerbegünstigte Organisationen, Springer Gabler, 6. Aufl., 2014.

## Das Dankesvideo

*Julia Eisenberg, freie Projektmanagerin*

Das Medium Video hat sich bei Kampagnen und Spendenaufrufen erfolgreich durchgesetzt. Dankesvideos hingegen sind noch rar. Doch damit kann man schon mit wenig Aufwand und vor allem unterhaltsam seine Unterstützer wertschätzen. Ein Video wirkt viel emotionaler als eine einfache Textbotschaft. Und so einfach geht's.

### Was ist ein gutes Dankesvideo?

Dankesvideo können so unterschiedlich sein wie Projekte, Kampagnen und Organisationen. Dabei haben auch ganz simpel und schnell produzierte Videos große Wirkung. Das kurze Dankesvideo verschickst du am besten möglichst bald, nachdem eine Spende eingegangen ist. So wie dieser Programmierer, der sich nach Zahlungseingang eines Euros für sein Programm in nur wenigen Sekunden persönlich bedankt. (→ youtu.be/ Ue-li7gl3LM)

Aber Achtung: Auch wenn du nur schnell ein kleines Video drehen willst, nimm dir kurz Zeit, deinen Dreh zu planen, und mache dir Gedanken zum Drehort, Text und Gesamtbild.

In einem längeren Video kannst du deinen Unterstützern ausführlicher zeigen, was ihr gemeinsam erreicht habt. Welchen Unterschied hat die Spende gemacht? Wie hat sie die Welt verbessert? Bedanke dich für große und kleine Spenden gleichermaßen und zeig, dass jeder Beitrag ist wichtig ist. Für viele kleine Spenden kannst du zum Beispiel ein zusammenfassendes Video drehen. Zeige in deinen Videos auch, wie dich die Spende motiviert, dein Engagement und deine Arbeit fortzuführen. Weil deine Unterstützer deine Ziele teilen, kannst du ihnen auch Anekdoten erzählen, die du auf dem Weg deiner Organisation oder des Projektes erlebt hast. Auch hier ein Achtung: Ein längeres Video darf kein langweiliges Video werden. Erzähle pointiert und nur die spannendste, emotionalste Geschichte in deinem Film. Dafür reichen meist zwei Minuten. Gerade im Internet ist es sehr schwierig, Leute mit Videos bei der Stange zu halten, die länger als zwei Minuten dauern.

Abbildung 25: Videos wie dieses von Greenpeace sind tolle Beispiele für ein schönes Danke am Ende einer Kampagne oder im Jahresrückblick. Quelle: YouTube: „Greenpeace thanks its supporters".

Die Authentizität ist entscheidender als die Professionalität des Videos. Fotostrecken, Statements von Menschen, die unterstützt wurden oder auch Vorher-Nachher-Bilder wirken emotionaler als High-End-Luftaufnahmen. Vor allem wenn sie mit passender Musik unterlegt sind. Auch kurze Texteinblendungen oder ein Sprecher können helfen, mit einem Video gut Danke zu sagen. Probiere es einfach aus!

Abbildung 26: Weitere Inspirationen, wie du persönlich danken kannst, findest du auch in diesem Video der NPO charity: water. Quelle: YouTube: „Charity water turns five years old".

# SPENDER MANAGEN
## DAUERHAFTE BEZIEHUNGEN AUFBAUEN UND SPENDER ZU MULTIPLIKATOREN MACHEN

Ohne gutes Management verlierst du nicht nur den Überblick, sondern auch Spender. Wie du das verhinderst und aus Einmalspendern sogar Dauerspender machst, liest du in diesem Kapitel. Mit Spendenaktionen kannst du deine Unterstützer außerdem dazu motivieren, dir dabei zu helfen, deine Botschaft zu verbreiten. Die wichtigen, vorerst letzten Schritte im Spenderloyalitätszyklus: Spender zu Multiplikatoren machen und dauerhafte Beziehungen aufbauen.

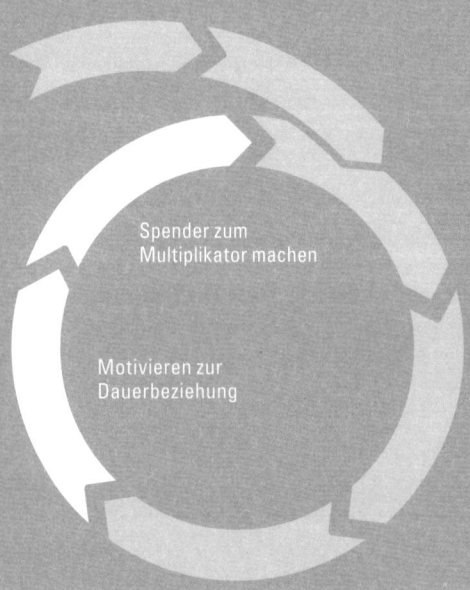

Spender zum
Multiplikator machen

Motivieren zur
Dauerbeziehung

# 6.1 Dauerspender finden und binden

## Gutes Spendermanagement.

*Katja Jäger, betterplace.org*
*Yvonne Scheurer, betterplace.org*

*Dauerspenden sind wichtig, weil sie der regelmäßigen finanziellen Unterstützung einer Organisation dienen. Das gilt auch beim Online-Fundraising. So gaben 271 deutsche Nonprofit-Organisationen 2014 in einer Umfrage[1] an, dass das Fundraising von Dauerspenden für sie immer wichtiger wird. Allerdings ist die Dauerspen-den-Akquise im Netz nicht einfach: Über 80 Prozent der befragten Organisationen gaben an, dass sie damit Probleme haben.[2]*

Weil Dauerspenden eine erhöhte Planungssicherheit mit sich bringen, können Organisationen sich langfristigeren Projekten widmen. Dauerspenden reduzieren außerdem die Abhängigkeit von Einzelspenden und anderen unregelmäßigen, unsicheren Finanzierungsquellen.

Die Loyalität und Ausdauer der Dauerspenderinnen ist für soziale Organisationen besonders erfreulich: Der durchschnittliche Dauerspender unterstützt eine Organisation sieben Jahre mit seiner Spende.[3] Die Möglichkeiten und Arten der Dauerspenden werden im Folgenden erläutert. Außerdem findest du Tipps zur Ansprache und Akquise von Dauerspenderinnen sowie Hinweise zum Umgang mit regelmäßigen Unterstützern.

### Wer ist Dauerspender?

Als Dauerspender wird jeder Spender bezeichnet, der
- regelmäßig (monatlich, quartalsweise, halbjährlich oder jährlich),
- bis auf Widerruf (also auf unbestimmte Zeit),
- in Form einer Lastschrifteinzugsermächtigung oder eines Dauerauftrages, sowie häufig auch per Kreditkarte und/oder anderen Zahlungsmethoden
- unter verschiedenen Bezeichnungen (Freund, Fördermitglied, Förderer, Pate o.ä.)

Geld an eine soziale Organisation gibt.[4]

**Formen der Dauerspende: Fördermitgliedschaft und Patenschaft**

Ein Fördermitglied unterstützt eine Organisation durch Spenden in regelmäßigen Abständen. Die Fördermitgliedschaft ist eine interessante Alternative zur klassischen Mitgliedschaft. Der Vorteil einer Fördermitgliedschaft besteht vor allem darin, dass sie keine aktive Teilhabe der Mitglieder erfordert und diese kein Stimmrecht haben – die Organisation bleibt also unabhängig und administrativ schlank. Dennoch schafft die Fördermitgliedschaft ein Gefühl der Zugehörigkeit zur Organisation, und das verstärkt wiederum das Motiv zur Dauerspende.

Die Patenschaft ist ebenfalls eine beliebte und weitverbreitete Art dauerhafter Unterstützung. Organisationen wie World Vision werben beispielsweise für Kinderpatenschaften, doch es gibt auch Patenschaften im Bereich des Tier- oder Umweltschutzes. Auch projekt- oder themenbezogene Patenschaften sind möglich. Diese konkrete Form der Unterstützung ist für Spenderinnen attraktiv, da sie besser nachvollziehen können, wofür sie spenden, und Erfolge direkt mitverfolgen können. Patenschaften stehen jedoch seit Jahren in der Kritik, besonders, wenn einzelne Kinder unterstützt werden: Es würden falsche Erwartungen geweckt, andere ausgegrenzt sowie ein paternalistisches Weltbild etabliert.[5]

**Potenzielle Dauerspender finden: die Spendersegmentierung**

Um Unterstützer von einer Dauerspende zu überzeugen, sind Vorarbeit und tiefgründiges Vorwissen zur eigenen Zielgruppe und zum jeweils spezifischen Unterstützerkreis essenziell. Spender unterscheiden sich vor allem hinsichtlich ihres Spendenverhaltens und des Grades ihrer Bindung an die jeweilige Organisation. Deshalb empfiehlt es sich, die Spender in verschiedene Zielgruppen zu segmentieren, um potenzielle Dauerspender so gezielt ansprechen zu können. So sorgst du dafür, dass deine Botschaften zu ihnen passen und für sie relevant sind. Eine erste Einteilung ließe sich etwa zwischen Noch-nicht-Spendern, Einmalspendern und wiederkehrenden Spendern treffen.

**Spendersegmente nach Spenderverhalten könnten zum Beispiel sein:**

• Gelegenheits-Spender: Spenden sporadisch an bereits bekannte Organisationen.
• Zurückgeber: Spenden einer Organisation mehrfach, weil sie von ihr profitiert haben (z. B. ehemalige Universität).

- Veränderungs-Spender: Möchten mit ihrer Spende ihr regionales Umfeld verändern.
- Beziehungs-Spender: Spenden aufgrund ihrer Beziehungen und Netzwerke, sie sind oft Freunde und Bekannte des Initiators oder kennen Mitarbeiter der Organisation.[6]

Besonders die Zurückgeber sollten auf Dauerspenden aufmerksam gemacht werden, aber auch Beziehungs-Spender haben Potenzial. Da es schwierig ist, die Motive der Spender allein durch ihr Verhalten zu verstehen, sollte man mit vorschnellen Etikettierungen vorsichtig sein. (Eine Umfrage unter den Dauerspendern kann hier helfen.)

Die Übergänge zwischen den Segmenten sind fließend. Es gibt Spenderinnen, die sich einer Organisation verbunden fühlen und sie immer wieder unterstützen, jedoch nicht automatisiert (Dauerauftrag o. ä.) bzw. regelmäßig. Diese Zielgruppe ist von großer Bedeutung, da die Organisation sie bei wichtigen Anlässen aktivieren kann, ohne sie erst wieder von ihrer Vertrauenswürdigkeit überzeugen zu müssen.

Für eine gezielte Kommunikation ist es notwendig, eine Spenderverwaltung anzulegen und zu pflegen, etwa mit einer Software (Anbieter sind zum Beispiel GRÜN Software, DATEV oder FundraisingBox) oder einfach mit einer Excel-Liste. Wichtig ist, dass sich die Spender bzw. Interessenten nach Verhalten sortieren lassen, damit man ihnen individuelle Botschaft schicken kann.

Im Folgenden findest du Hinweise, wie du potenzielle Dauerspenderinnen ausfindig machen und gezielt ansprechen kannst.

### Die Ansprache potenzieller Dauerspender

Man unterscheidet bei der Ansprache möglicher Dauerspender zwischen der Kommunikation nach innen und der Kommunikation nach außen. Die Kommunikation nach innen meint ein Upgrading von Einzel- und Mehrfachspendern zu Dauerspendern – ganz im Sinne der Spenderpyramide (siehe Seite 9).[7] Kommunikation nach außen beschreibt die Kaltakquise, also die Neugewinnung von Spendern, die direkt zu Dauerspendern werden sollen. Die Kaltakquise ist besonders ressourcenintensiv, weil zunächst viel Vertrauen aufgebaut werden muss. Deshalb betreiben sie vor allem Organisationen mit bereits großer Bekanntheit.

Über Außenkommunikation mit Plakat-, Radio- oder Anzeigen-Werbung kann man die Aufmerksamkeit potenzieller Dauerspenderinnen gewinnen.[8] Es empfiehlt sich, crossmediale Wege zu gehen, etwa, indem man Plakatwerbung schaltet, bei der die URL oder ein QR-Code auf die Website mit einem integrierten Dauerspendenformular verweist. Auch Google AdWords (siehe Seite 45), Facebook-Anzeigen etc. sollten genutzt werden.

Bei der Kommunikation nach innen lassen sich Dauerspender über verschiedene Wege gewinnen, etwa über Postvertrieb mit Mailings, Beilagen, Zeitschriften oder per Telefonansprache. Es lohnt sich, engagierte Mehrfachspender anzurufen und ihnen die Vorteile einer automatisierten Dauerspende – etwa Bequemlichkeit und Kosteneffizienz – zu erklären. Eine anschließende zusammenfassende E-Mail rundet die Kommunikation ab.

Auch die kostengünstigen eigenen Vertriebskanäle und Social-Media-Profile sollte man nutzen. In einem – an Einzelspender adressierten – Newsletter darf der Hinweis auf Dauerspenden nicht fehlen. Weil Mehrfachspender und engagierte Unterstützerinnen meist der Facebook-Fanpage oder dem Twitter-Account folgen, sollte auch hier für Dauerspenden geworben werden. Versuche, die Vorteile der Dauerspende für den Spender und deine Organisation klar zu machen.

### Das Dauerspendenformular

Ist ein potenzieller Dauerspender nun auf der entsprechenden Webseite (mit dem Dauerspendenformular), gilt es, ihn abschließend zu überzeugen. Das Dauerspenderformular sollte nicht nur gut aussehen (klares, reduziertes Design), sondern vor allem einfach auszufüllen sein. Durch eine Vorauswahl im Formular kann man auch den Rhythmus der Spende vorschlagen.

### Besonderheiten bei Dauerspendern: Spenderbindung

Um die langfristige Unterstützung eines Dauerspenders zu sichern oder auszudehnen, ist die kontinuierliche und intensive Pflege der Spenderbeziehung ausschlaggebend. Hier ist besonders wichtig: Danke sagen! (Tipps zum Dank findest du in Kapitel 5.0.)

Wann und wie man am besten Danke sagt, hängt vom Zweck der Spende bzw. vom Themenfeld der Organisation ab. Bei einer Kinderpatenschaft bietet sich ein regelmäßiger Bericht mit Danksagung an. Bei projektbezogenen Dauerspenden sollte man spätestens nach erfolgreicher Beendigung des Projektes berichten. (Natürlich sollte man darauf hinweisen, dass auch zukünftige Projekte der Förderung bedürfen und die Dauerspende weiterhin unerlässlich ist.)

Durch personalisierte Mailings (per Post oder als E-Mail), Newsletter und eine lebendige Social-Media-Präsenz sollte der Dauerspender in regelmäßigen Abständen informiert werden, was er mit seiner Spende ermöglicht hat und wie wichtig diese auch für die Zukunft ist. Vor allem durch Upselling, also die Erhöhung der Dauerspende, lassen sich höhere Spendenvolumina generieren. Hier sollte konkret gezeigt werden, was zum Beispiel eine Erhöhung der Spende von 20 auf 25 Euro bewirkt („Für 5 Euro mehr im Monat kann ein weiteres Kind mit Unterrichtsmaterialien versorgt werden").

Abschließend noch zur Rückgewinnung von Dauerspendern. Abgewanderte Dauerspender können durchaus zurückgewonnen werden, etwa durch gezielte Kommunikation, wenn der Dauerspender unzufrieden war.[9] Durch Umfragen, E-Mails oder per Telefon kann man zunächst herausfinden, warum jemand abgewandert ist. Wichtig hier, dass man mit Fingerspitzengefühl vorgeht und Entscheidungen des Spenders respektiert.

Zusammenfassend lässt sich festhalten, dass die Dauerspendergewinnung eins der wichtigsten strategischen Ziele des Fundraisings von sozialen Organisationen ist. Zwar ist die Zielgruppe hier kleiner als bei einmaligem Engagement, doch kann man sich auf Dauerspender langfristig verlassen. Der Aufwand lohnt also!

Zum Weiterlesen:

Fischer, Kai, Sechs Zielgruppen im Fundraising. www.mission-based.de/news/items/sechs-zielgruppen-im-fundraising.html

Hönig, Hans-Josef & Schulz, Lothar, Spenderbetreuung. Gründe für eine planvolle Gestaltung der Spenderbeziehung, In Fundraising Akademie (Hrsg.), Fundraising. Handbuch für Grundlagen, Strategien und Methoden, 3. aktualisierte Aufl., Wiesbaden, Gabler, 2006.

Prahm, Medje & Ullrich, Angela, Online Fundraising auf dem Vormarsch. Fundraiser-Magazin 1/2014, S. 26–27. www.fundraiser-magazin.de/files/archiv/pdf/fundraiser_39_2014-01.pdf

Stiftung Zewo, Patenschaften im Ausland. www.zewo.ch/fur-spendende/spendentipps/patenschaft

Urselmann, Michael, Fundraising. Professionelle Mittelbeschaffung für steuerbegünstigte Organisationen. 6. Aufl., Wiesbaden, Springer Verlag, 2014.

# 6.2 Spenderverwaltung: Excel vs. Fundraise Plus

## Zwei Fundraiser berichten über Verwaltungssoftware.

*Je besser eine Organisation ihre Spender kennt, desto zielgerichteter kann sie sie ansprechen. Deshalb sind Spender-Datenbanken eine wichtige Grundlage für erfolgreiches Online-Fundraising. Es gibt kostenpflichtige Spezialsoftware, aber auch eine einfache Excel-Tabelle kann reichen. Zwei Fundraiser aus zwei Organisationen berichten.*

Karsten Malige, Vorsitzender des Vereins SyrienHilfe berichtet:

**Nutzt die SyrienHilfe spezielle Software für die Spenderverwaltung?**

Wir verwalten unsere Spenderdaten einfach mit Excel. Zum einen, weil wir Excel schon hatten, wir also neue Kosten vermeiden konnten. Zum anderen lässt sich Excel wirklich leicht bedienen. Mir gefällt die tabellarische Erfassung der Spendeneingänge und auch, wie einfach man automatisch Summen bilden kann. So kann man schnell die Spenden oder die Höhe der Ausgaben über verschiedene Zeiträume überblicken. Dann wissen wir genau, wie viel wir puffern müssen, um nachhaltig Hilfe leisten zu können – nicht, dass wir urplötzlich erkennen, dass die eingehenden Spenden nicht reichen. Unsere Vorteile sind also: keine Unkosten, leichte Bedienung und gute Übersicht über Soll und Haben.

**Welche Kategorien und Angaben zu Spendern und Spenden werden erfasst?**

Eingangsdatum der Spende, Name des Spenders, Zweck der Spende und Höhe der Spende. Aber auch unsere Ausgaben, damit wir sehen, wann wir welchen Betrag für welches Hilfsprojekt ausgegeben haben. Viel mehr Angaben zu den Spendern erhalten wir nicht, die sensibleren Daten wie Bankverbindung oder Adresse, sofern angegeben, erfassen wir nicht. Da geht Datenschutz vor.

**Wie sieht es mit der Segmentierung der Spender aus?**

Weil nur ein kleiner Kreis überhaupt Zugriff auf diese Excel-Tabelle hat, erkennen wir schon beim Eingang der Spende eventuelle Mehrfachspender. Die automatische Ausfüllhilfe von Excel tut ihr Übriges. Auch sind uns einige der Spender persönlich bekannt.

**Unterscheidet ihr innerhalb eures Netzwerkes bestimmte Zielgruppen?**

Wir unterteilen unsere Spender nicht in Zielgruppen bzw. wenn, dann eher intuitiv. Vielleicht fehlt uns aber auch der Wille, zu viel über den Spender herauszufinden, wir setzen eher auf sein eigenes Interesse daran, uns bei unserer Arbeit dauerhaft zu unterstützen.

**Werden diese Zielgruppen auf verschiedenen Kanälen angesprochen?**

Dadurch, dass wir über unsere Arbeit per E-Mail, Homepage, Facebook, Twitter und in den Neuigkeiten bei betterplace.org regelmäßig berichten, erreichen wir automatisch unterschiedliche Personen und eventuell auch Zielgruppen.

Lutz Baufeld vom Spenderservice des Caritasverbands für das Erzbistum Berlin berichtet:

**Die Caritas Berlin nutzt fundraise plus zur Spenderverwaltung. Warum haben Sie sich für diese Software entschieden?**

Zunächst eine Vorbemerkung: Das wichtigste Instrument im Fundraising ist für den Caritasverband für das Erzbistum Berlin immer noch das Postmailing. Deswegen beziehen sich die folgenden Aussagen vorrangig auf Erfassung und -Segmentierung der Daten von Spenderinnen und Spendern, die wir per Post mit Spendenaufrufen anschreiben.

Früher haben wir die Spendenverwaltungssoftware Charity benutzt. Weil die nicht SEPA fähig war, sind wir auf fundraise plus umgestiegen. Wichtig war uns dabei, dass wir nicht nur unsere über 100 000 Datensätze aus Charity übernehmen, sondern auch unsere Mitglieder verwalten konnten. Die Vorteile bei fundraise plus liegen für uns außerdem darin, dass wir das Programm leasen konnten und dass die Daten sehr sicher sind, da sie in einem abgesicherten Rechenzentrum gehostet werden.

**Welche Kategorien und Angaben zu den Spendern erfassen Sie mit der Software?**

Unser Minimum sind Nachname und Bankverbindung. Darüber hinaus, wenn vorhanden, Vorname, Adresse, Telefon, E-Mail, Geburtsdatum. Wir erfassen die Buchungen, den Spendenzweck und ob on- oder offline gespendet wurde. Außerdem die Kontaktpunkte mit den Spendern: Wann haben sie den letzten Spendenaufruf per Post erhalten? Gab es persönlichen Kontakt per Telefon oder E-Mail und so weiter. Wir vermerken zudem, woher wir die Adresse haben. Zum Beispiel von einer Veranstaltung oder durch eine ehrenamtliche Tätigkeit.

**Nutzen Sie die Software auch zur Segmentierung Ihrer Spender?**

Ja, weil zum Beispiel für Spendenaufrufe per Post verschiedene Gruppen unterschiedlich angesprochen werden, etwa Spender, die in den vergangenen zwölf Monaten einen bestimmten Mindestbetrag gespendet haben.

**Falls ja, welche Zielgruppen haben Sie innerhalb Ihres Netzwerkes identifiziert?**

Wir unterscheiden zwischen denen, die das erste Mal gespendet haben, und Menschen, die uns dauerhaft mit einem bestimmten Betrag unterstützen. Zusätzlich gibt es die Gruppe der „aktiven" und „inaktiven" Spender. Ein „inaktiver" Spender hat in den letzten zwölf Monaten nicht gespendet. Wir haben außerdem sogenannte Interessierte in der Datenbank. Das sind Menschen, mit denen wir Kontakt hatten, die aber bisher noch nicht gespendet haben. Bei der Vielzahl an ganz unterschiedlichen Spendenprojekten und somit auch Interessen und Vorlieben der Spenderinnen und Spender vermerken wir auch, wer für welches Projekt gespendet hat (Kinder, Obdachlose, Flüchtlinge…).

**Nutzen Sie gegenüber diesen Zielgruppen eine unterschiedliche Form der Ansprache beziehungsweise unterschiedliche Kanäle?**

Unser wichtigstes Instrument ist immer noch der Spendenaufruf per Post. Die Angeschriebenen erhalten einen Spendenbrief zu einem bestimmten Thema mit wenigen Anpassungen an die jeweilige Gruppe. Falls gewünscht, schicken wir sofort die Zuwendungsbestätigung und ein Dankesschreiben per Post. Bei einer außergewöhnlich großen Spendensumme versuchen wir, uns telefonisch / persönlich zu bedanken. Onlinespenderinnen und -spender werden nicht extra angeschrieben. Sie können sich auf dem Spendenformular oder auf der Website in den Verteiler für den Newsletter eintragen. Dann erhalten sie Spendenaufrufe und Informationen aus dem Verband per E-Mail.

# 6.3 **Spender zu Multiplikatoren machen**

## So funktionieren Spendenaktionen.

*Johanna Hartung, Politikwissenschaftlerin*

*Mit dem Internet kann jeder engagierte Nutzer zum Botschafter eines sozialen Projekts werden. Entscheidend dafür sind seine Überzeugung und ein soziales Netzwerk, über das er viele Menschen erreicht. Aus einfachen Spendern werden so Multiplikatoren und Fundraiser. Wie gelingt es Organisationen, diese Multiplikatoren zu identifizieren und zu motivieren?*

Multiplikatoren verbreiten das Anliegen einer Organisation weiter, indem sie Nachrichten auf Twitter retweeten (siehe Kapitel 3.7), auf Facebook Freunden von ihrer Spende erzählen (siehe Kapitel 3.5) oder selbst eine Spendenaktion starten. Damit erhöhen sie die Zahl derer, die von dem Projekt erfahren, und vermitteln eine persönliche Botschaft: Ich setze mich für etwas Gutes ein.

**Die drei größten Potenziale von Multiplikatoren:**
- Durch ihre persönlichen Kontakte haben sie einen schnellen und emotionalen Zugang zum Netzwerk.
- Das Verhältnis zu ihren Kontakten im Netzwerk beruht auf Vertrauen.
- Sie können ihr Netzwerk von der Notwendigkeit der Hilfe überzeugen und es zum Spenden motivieren.

**Spendenaktionen werden immer wichtiger**

Anlässe für eine Spendenaktion gibt es viele: ein runder Geburtstag, der nächste Halbmarathon oder eine Fernreise, die das Bedürfnis geweckt hat, den Menschen vor Ort zu helfen. Ein Beispiel: Christian und Jasmin radeln von Creglingen bis Peking und bitten ihr Netzwerk aus Freunden und Bekannten um eine Ein-Cent-Spende pro Kilometer, um eine Augenklinik in Kambodscha unterstützten zu können.

Eine einfache und effektive Möglichkeit, Spendenaktionen zu organisieren, bieten Online-Spendenplattformen. Im deutschsprachigen Raum sind das vor allem betterplace.org, Alvarum und Helpedia; darüber hinaus bieten Altruja und FundraisingBox ein Spendenaktionstool zur Integration auf der eigenen Website (mehr zu Spendenformaten auf S. 20).

**Eine Spendenaktion erfolgt in fünf Schritten:**
1. Der Spendenaktionsmacher registriert sich auf der Plattform.
2. Er wählt ein vorhandenes Projekt aus.
3. Er gestaltet die eigene Spendenaktionsseite.
4. Er informiert Familie, Freunde und Kollegen über E-Mail, Facebook und Twitter oder die eigene Webseite.
5. Die Aktionsmacher verfolgen das Ergebnis mit und bedanken sich bei den Spendern direkt über das Aktionstool.

## Spendenaktionen liegen im Trend

In Großbritannien und den USA sind Spendenaktionen mittlerweile zum bedeutendsten Werkzeug des Fundraisings geworden. Auf der Aktionsplattform JustGiving wurden seit 2001 mehr als drei Milliarden Euro über Spendenaktionen gesammelt, 12 Millionen Nutzer sind auf der Plattform registriert. Für die amerikanische Organisation charity: water haben Multiplikatoren im Jahr 2013 neun Millionen US-Dollar gesammelt. Auch in Deutschland wird die Bedeutung von Multiplikatoren im Fundraising in den nächsten Jahren stark steigen (siehe das Beispiel L'appel auf Seite 121).

Für Organisationen liegen die größten Chancen von Spendenaktionen darin, neue Kreise über einen persönlichen Kontakt und eine glaubwürdige Botschaft zu erschließen. Sie können mit Spendenaktionen auch den Kontakt zu wichtigen Unterstützern festigen. Darüber hinaus lässt sich die Fundraising-Effizienz steigern, indem Aufgaben an Multiplikatoren übertragen werden, und damit Wirkung entfalten, die die eigenen Organisationskapazitäten übersteigt.

## Zutaten für erfolgreiche Spendenaktionen

Identifiziert sich der Spender stark mit einem sozialen Projekt und dessen Begünstigten, ist ein wichtiger Grundstein gelegt. Diese Identifikation kann die Organisation für sich nutzen, indem sie den Spender einlädt, persönlich von seinem Engagement zu berichten, zum Beispiel auf einer Spendenaktionsseite. So wird der Spender zum Multiplikator. Multiplikatoren können eigene Gründe für ihr Engagement überzeugend weitergeben, über ihre Erfahrungen mit der Organisation berichten und so ihr Netzwerk zum Spenden motivieren. Im besten Fall gelingt es dem Multiplikator, ein Gemeinschaftsgefühl herzustellen: Wir können gemeinsam und messbar dazu beitragen, ein bestimmtes Projekt zu finanzieren, und damit benachteiligten Menschen helfen.

Zur Vorbereitung und Planung einer Spendenaktion gehört das Festlegen des Spendenziels. Das Spendenziel sollte die Multiplikatorin und die Spender motivieren! Bei zu niedrig gesteckten Zielen besteht die Gefahr, das Potenzial nicht voll auszuschöpfen, zu hoch gesteckte Ziele können demotivieren. Am besten wird das Spendenziel an konkreten Bedarfen des Projektes festgemacht – so wird auch deutlich, was mit dem gespendeten Geld erreicht werden kann. Für ein realistisches Spendenziel ist es hilfreich, wenn man das eigene Netzwerk und dessen Spendenbereitschaft gut kennt.

Vorteilhaft ist, wenn der Multiplikator bereits Erfahrung im Spendensammeln hat. Eine US-amerikanische Studie hat herausgefunden, dass erfahrene Multiplikatoren doppelt so effektiv im Spendensammeln sind wie Neulinge. Ein Beispiel von betterplace.org bestätigt das: Der Nutzer Christoph hat die letzten sechs Jahre zu seinem Geburtstag über betterplace.org mithilfe von YouTube und Facebook Spenden gesammelt. Im ersten Jahr waren es 304 Euro, im vierten Jahr schon 4.086 Euro, und im sechsten Jahr hat er bereits 12.930 Euro gesammelt.

Die ersten Stunden einer Spendenaktion sind entscheidend für den Erfolg. Gehen gleich zu Beginn wenige Spenden ein, besteht die Gefahr, dass der Multiplikator die Motivation verliert. Die besten Freunde und die Familie vorab zu informieren und zu bitten, gleich zu Beginn zu spenden, kann deshalb eine positive Wirkung auf die weiteren Beiträge haben. Motivierend kann auch sein, eine Spendenaktion im Team zu starten, gemeinsam Inhalte zu erstellen und sich doppelt über die Erfolge zu freuen.

### Multiplikatoren identifizieren und unterstützen

Da Multiplikatoren für Organisationen wichtige Aufgaben im Fundraising übernehmen, ist es wichtig, sie zu finden, zu unterstützen, zu motivieren und den Kontakt zu pflegen. Ein paar Empfehlungen:

- Identifiziere potenzielle Multiplikatoren. Hier kann deine Spender-Datenbank wichtige Auskünfte geben (mehr zur Spendersegmentierung auf Seite 132). Bei welchem Dauerspender steht ein runder Geburtstag an? Wer hat ein Projekt besucht und kann über eigene Erfahrungen berichten? Wer hat bereits eine Spendenaktion durchgeführt?

- Verweise aktiv auf die Möglichkeit einer Spendenaktion und erkläre, wie Multiplikatoren eine Spendenaktion für das Projekt anlegen können. Nenne für Fragen oder Unklarheiten einen Ansprechpartner.

- Stelle Vorlagen und wertvolle Tipps für eine gelungene Spendenaktion zur Verfügung. Dazu zählen auch Hinweise für das Festlegen realistischer Spendenziele. Stelle Erfolgsbeispiele vor.

- Wichtige Informationen über deine Organisation wie Vision, Grundsätze und Leitlinien solltest du den Spendenaktionsmachern unbedingt vorab schicken. Wichtig ist auch, dass sie verständlich aufbereitet sind.

- Würdige nach Ende der Spendenaktion die Arbeit des Multiplikators. Nutze die Chance, eine langfristige Beziehung aufzubauen und ihn an den Aktivitäten und Erfolgen der Organisation teilhaben zu lassen.

- Veröffentliche einen Beitrag über erfolgreiche Spendenaktionen auf der Website oder im Newsletter. Das motiviert Multiplikatoren und solche, die es werden wollen.

Drei gute Beispiele für „spenden statt schenken":

Christoph hat zum zweiten Mal in Folge erfolgreich um **Spenden statt Geschenke** gebeten. Das Geld geht erneut an eine Bildungseinrichtung für AIDS-Waisen in Südafrika.

**161 Spender** haben **4.086 €** gesammelt.

→ Christophs „Spendenrap"

Saskia **verzichtet auf Geschenke** zu ihrem Geburtstag. Ihre Freunde haben für das Waisenheim in Uganda gespendet, in dem Saskia gerade einen Freiwilligenaufenthalt verbracht hat.

**16 Spender** haben **671 €** gesammelt.

→ Saskias Spendenaktionsseite

Auch Rike hat sich **Spenden statt Geschenke** gewünscht. Die Spenden hat sie zwischen einem Schulprojekt in Äthiopien und einer Aufzuchtstation für Elefantenwaisen in Kenia aufgeteilt.

**26 Spender** haben **500 €** gesammelt.

→ Rikes Geburtstags-Spendenaktion

Abbildung 27: Auf betterplace.org findest du Beispiele für gelungene Spendenaktionen:
→ www.betterplace.org/de/collect-donations/birthday-fundraising-events

# 6.4 „Das war sicher nicht unsere letzte Spendenaktion!"

## Johanna Hartung über ihre erfolgreiche Spendenaktion.

*Als 2014 die Ebola-Krise in Westafrika ausbrach, war die Studentin Johanna Hartung mit ihrem Freund im Senegal. Schnell starteten die beiden eine Spendenaktion auf betterplace.org, um für die Ausstattung einer Isolierstation im nahen Liberia zu sammeln. 8.500 Euro kamen zusammen! Im Interview erzählt Johanna, was sie motiviert hat, zu helfen, und warum die Aktion so ein großer Erfolg war.*

### Wieso habt ihr eine Spendenaktion für Liberia gestartet?

Wir erlebten bei den Menschen vor Ort eine große Unsicherheit und Angst, dass das Virus auch auf den Senegal überspringen könnte. In Sierra Leone, Liberia und Guinea starben in dieser Zeit bereits viele hundert Menschen pro Woche! Auch weil in Europa die Hilfe nur sehr zögerlich anrollte, wollten wir selbst aktiv werden und über unsere Spenden hinaus eine größere Wirkung erzielen.

### Also startetet ihr eine Spendenaktion. War das aufwendig?

Nein, ich hatte ja auch schon im Jahr davor zu meinem Geburtstag eine Spendenaktion für syrische Flüchtlinge organisiert. Das hatte gut geklappt und ich war überzeugt, auch mit der Ebola-Spendenaktion viele Freunde zu einer Spende motivieren zu können.

### Was muss man für eine Spendenaktion tun?

Wir haben zunächst das Projekt von action medeor ausgewählt, dorthin sollten die Spenden fließen, um die Ausstattung zweier Isolierstationen in Liberia zu finanzieren. Für die Online-Präsenz der Spendenaktion auf betterplace.org hat Jonas ein Foto ausgesucht, das er im Jahr zuvor in Liberia gemacht hatte. Unter der motivierenden Überschrift „Gemeinsam gegen Ebola: Deine Spende für Westafrika" habe ich im Text unser Anliegen erklärt. Als die Aktion dann online war, haben wir per E-Mail unsere Familien, Freunde und Bekannte benachrichtigt. Außerdem haben wir einen Hinweis auf unsere Facebook-Profile gestellt und als Erstes selbst für die Aktion gespendet, um die Sache ins Rollen zu bringen.

**Wie viele Menschen konntet ihr motivieren?**

Wir hatten uns echt viel Mühe gegeben mit der Spendenaktionsseite und auch einige Spenden erwartet. Mit solch einem Erfolg hatten wir aber nicht gerechnet: 133 Menschen haben 8.500 Euro gespendet!

**Super! Konntet ihr Erfolgsfaktoren identifizieren?**

Die Rückmeldungen haben uns gezeigt, dass unser persönlicher Spendenaufruf eine wichtige Rolle gespielt hat. Wir haben eine sehr persönliche Beziehung zum Thema Ebola hergestellt. Durch unsere geographische Nähe, die intensive Recherche und das konkrete Projekt waren wir glaubwürdig und authentisch.

**Welcher Kanal hat für die Ansprache der Spender am besten funktioniert?**

Vor allem über E-Mail und die direkte Ansprache haben wir Menschen zu größeren Spenden motiviert. Per E-Mail landete die Spendenaktion zum Beispiel auch in den Lehrerkollegien unserer alten Schulen. Auf Facebook wurde die Aktion von mehr als 250 Menschen geliked und 27-mal geteilt. Doch je weiter die Kreise wurden, die unsere Spendenaktion zog, desto geringer war auch die Verbundenheit mit uns, und damit sank auch die Spendenbereitschaft.

**Was nehmt ihr aus dieser Erfahrung mit?**

Für uns war es toll, mithilfe unserer Familien und Freunde einen echten Beitrag zur besseren Versorgung von Ebola-Kranken leisten zu können. Trotz der ernsten Lage in Westafrika hat es uns auch Spaß gemacht, nach dem Start der Aktion die Beteiligung auf unserer Spendenaktionsseite zu verfolgen und mitzufiebern. Über das Benachrichtigungstool haben wir uns bei allen Spendern bedankt und wichtige Informationen zum Projekt und der Ebola-Krise versendet. Im Lauf der Aktion haben wir uns über viele anerkennende Nachrichten aus unserem Netzwerk, auch von betterplace.org und action medeor, gefreut. Das war sicher nicht unsere letzte Spendenaktion!

→ www.betterplace.org/de/fundraising-events/ebola

Johanna Hartung
*Erfolgreiche Spendenaktionsmacherin*

# MESSEN
## GOOGLE ANALYTICS UND ANDERE WERKZEUGE

*Und, hat's was gebracht? Diese Frage werden dir auch deine Spender stellen. Deshalb musst du deine Erfolge messen. Klingt kompliziert, ist es aber nicht. Nach diesem Kapitel sind Controlling, Google Analytics und Datenauswertung auch für dich ein Kinderspiel.*

# 7.1 Controlling für NPOs
## Ziele, KPIs und Return on Investment.
*Silke Penner, Europa Universität Viadrina*

*Beim Online-Fundraising lassen sich sehr viele Informationen über das Spender-*
*verhalten abfragen. Doch man muss wissen, welche Informationen und Kennzah-*
*len überhaupt relevant sind und wie sie korrekt ausgewertet werden. Nur so lassen*
*sich daraus sinnvolle strategische Entscheidungen ableiten.*

Um Fortschritte im Online-Fundraising messen zu können, sollte man zunächst Ziele festlegen. Hier kommt Controlling ins Spiel. Unterschieden wird zwischen strategischem und operativem Controlling. Das strategische Controlling ist die langfristige Zielsetzung einer NPO (etwa, das Online-Fundraising der Organisation auszubauen). Das operative Controlling beschäftigt sich mit der Umsetzung der Strategie und unterteilt diese in kurzfristige Unterziele (etwa, den Anteil des Online-Fundraisings im Weihnachtsgeschäft um fünf Prozent zu steigern). Wichtig ist, dass die entsprechenden Ziele messbar sind. (Prüfe, welche Spendenwege du messen kannst. Zum Beispiel die Anzahl und Höhe der Spenden über dein Spendenformular.)

**Der Return on Investment**

Wie erfolgreich eine Maßnahme ist, wird meist gemessen, indem ihre Erlöse durch die Kosten geteilt werden. Dieser Quotient wird als Return on Investment (ROI) bezeichnet. Der ROI sollte jedoch nicht das einzige Kriterium für den Erfolg einer Fundraising-Maßnahme sein. Maßnahmen zur Spenderbindung wie die Betreuung von Social Media Kanälen führen meist kaum zu Spendeneinnahmen. Langfristig können solche Maßnahmen jedoch unverzichtbar für den Fundraising-Erfolg sein, da sie die Spenderin an die Organisation binden. Unschärfen können sich daraus ergeben, dass man Kosten und Erlöse nicht nur einer Fundraising-Maßnahme zuschreiben kann: Kamen die Spenden zustande, weil ihr eine Anzeige in der Zeitung geschaltet habt? Weil eure Website so informativ ist oder weil es einen Spot im Fernsehen gab? Zur besseren Einschätzung des Fundraising-Erfolges müssen also weitere Kennzahlen herangezogen werden.

## Mit den richtigen KPIs den Überblick behalten

Du solltest versuchen, genau die Daten zu finden, mit denen du deine Erfolge messen kannst. Dazu ordnest du den Zielen passende Leistungskennzahlen, sogenannte Key-Performance-Indicators (KPI), zu. Da eine gute Planung wichtiger Bestandteil des Controllings ist, werden die Kennzahlen mit Planzahlen (Soll-Werten) versehen, die später mit den erreichten Ist-Werten verglichen werden (Soll-Ist-Analyse). Hieraus lässt sich ableiten, ob ein Ziel erreicht wurde und wo du optimieren kannst (siehe Abbildung 28, Controlling-Regelkreis).

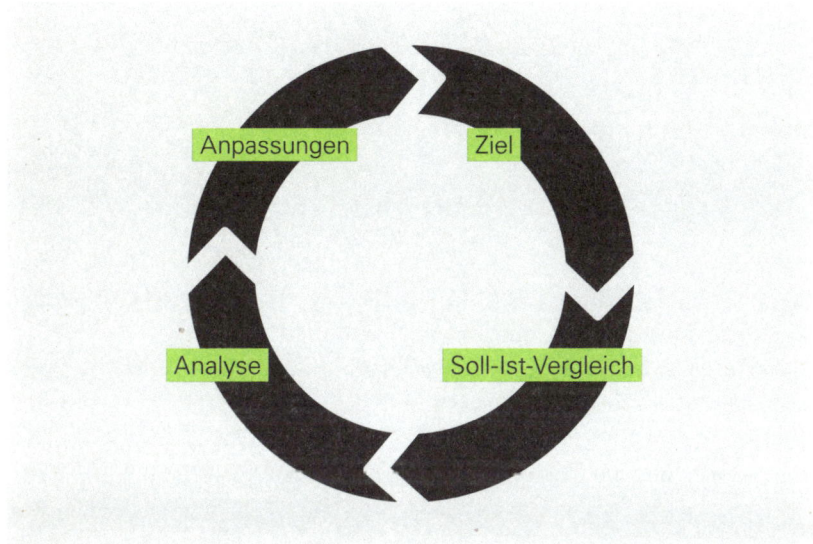

**Abbildung 28:** Der Controlling-Regelkreis zeigt die aufeinander aufbauenden Bestandteile der Erfolgsmessung einer NPO.

## Beispiele für strategische Erfolgsmessung im Online-Fundraising

### 1) Ziel: mehr Onlinespenden

Eine NPO hat als strategisches Ziel, ihre Online-Spendeneinnahmen zu steigern. In der kurzfristigen Planung kann es nun von Bedeutung sein, das Online-Marketing generell zu verbessern, um zunächst mehr potenzielle Spender auf die eigene Website zu holen. Ebenso sollte das Spendenformular analysiert werden, um die dortigen Spendeneinnahmen zu erhöhen.

Um den Erfolg ihres Spendenprozesses zu evaluieren, kann die NPO messen, wie viele Besucher das Spendenformular hat und wie viele Besucher den Spendenprozess beenden. Der Erfolg des Spendenformulars lässt sich anhand der Conversion-Rate (siehe Seite 154) ablesen. Sie setzt die Zahl der Onlinespenden über das Spendenformular in Bezug zu den Besucherzahlen des Spendenformulars. Entdeckt man eine hohe Abbruchrate im Spendenprozess (viele Besucher, aber wenige Spenden), sollte man sich auf die Suche nach Gründen machen. Zur weiteren Evaluation kann man schauen, woher die Onlinespender kommen (das kann Google Analytics erfassen, siehe Seite 153). Eventuell kann es sich lohnen, in Anzeigen (AdWords, siehe Seite 45) zu investieren, um in den Suchmaschinen an prominenter Stelle zu erscheinen.

## 2) Ziel: wichtige Themen in den Vordergrund rücken

Hat die NPO das Ziel definiert, auf bestimmte Themen aufmerksam zu machen (zum Beispiel im Rahmen einer Kampagne), könnte in der kurzfristigen Planung der Fokus darauf gelegt werden, möglichst viele Besucher auf die Website zu bekommen. Dazu ist der Newsletter ein wichtiger Kanal. Ein kurzfristiges Ziel könnte daher sein, die E-Mail-Adresslisten zu pflegen und auszubauen und den Internetauftritt zu verbessern.

Hierfür ist zunächst der Website-Traffic interessant. Dessen Analyse gibt Antwort auf die Fragen: Wie viele Besucher kommen auf meine Seite? Wie viele verlassen sie wieder, ohne auf weitere Seiten zu klicken (Absprungrate)? Welche Seiten sind besonders beliebt? Verlierst du deine Besucher schon auf der Startseite, solltest du diese verbessern (Tipps dazu auf Seite 34) und besonders gut besuchte Seiten intelligent mit deinen weiteren Angeboten verlinken.

Um den Newsletter auf seine Wirksamkeit zu prüfen, muss man sich fragen: Wie viele Abonnenten öffnen ihn? Werden verlinkte Spendenaufrufe angeklickt? Öffnungs- und Klickraten erfassen viele Newsletter-Programme automatisch, zum Beispiel MailChimp (siehe Seite 64). Durch die Beobachtung dieser Zahlen kannst du erfahren, welche Themen bei deinen Spendern besonders gut ankommen. Möchtest du dich systematisch verbessern, hilft dir ein A/B-Test (siehe Seite 162) zu ermitteln, welche Ansprache, Textlänge oder welcher Spendenbutton besonders gut funktioniert.

### 3) Ziel: Verbesserung des Social-Media-Marketings

Ein messbares Unterziel könnte hier sein, die Twitter- und Facebook-Reichweite auszubauen.

Um eine Idee über die konkreten Leistungsziele zu bekommen (wie viele Follower wollen wir erreichen?), kann es lohnend sein, sich mit Mitbewerbern zu vergleichen. Im Vergleich zu Marktteilnehmern ähnlicher Größe können Kennzahlen wie die Entwicklung der Facebook-Fans und Twitter-Follower zeigen, wie viele Menschen man darüber bereits erreicht hat und was im eigenen Themenfeld noch möglich ist. Die meisten Social Media Kanäle zeigen in Statistiken das Wachstum an (mehr auf Seite 73). Auch ist es gut zu wissen, auf welchem Weg die Besucher auf die Social-Media-Seiten kommen.

Für den Vergleich mit anderen NPOs gibt es beispielsweise Pluragraph, wo über 12.000 Organisationen ihre Social-Media-Reichweite offenlegen. Auch das NGO-Meter, das Kennzahlen unterschiedlich großer Organisationen erhebt, kann als Vergleichsmaßstab dienen (siehe Kasten auf Seite 152).

### Tools zum Messen der Ziele deiner NPO

Ein Großteil der genannten Kennzahlen lässt sich über Standard-Tracking-Systeme wie Google Analytics oder Piwik erfassen. Twitter-Follower lassen sich ganz einfach aus den Twitter-Accounts ablesen und Facebook Fans auf der Facebook-Seite. Für die Messung der Newsletter-Kennzahlen können beispielsweise Trackinglinks eingebunden werden (siehe Seite 155, Kampagnenlinks).

### Fazit

Um Fundraising-Fortschritte zu messen, sind Leistungskennzahlen unerlässlich. Sie machen die Fortschritte messbar und vergleichbar. Die Auswahl der Kennzahlen ergibt sich aus der Zielstellung der Organisation. Entsprechend individuell muss auch die Analyse der Leistungskennzahlen sein. Dabei ist ein Vergleich mit anderen Organisationen sinnvoll und kann wichtige Anhaltspunkte in Bezug auf die Einordnung im Markt und die Festlegung interner Zielgrößen liefern. Initiativen wie das NGO-Meter helfen dabei und schaffen zusätzlich eine Transparenz in der Erfolgsmessung, die sich positiv auf das Vertrauen der Spender auswirkt. Messen lohnt sich also in jedem Fall!

### Das NGO-Meter: Benchmark und Transparenz

*Das NGO-Meter gibt Spenden sammelnden Organisationen die Möglichkeit, ihre Leistungskennzahlen im Online-Fundraising mit anderen Marktteilnehmern zu vergleichen. Dazu werden halbjährlich etwa 40 Kennzahlen von den teilnehmenden Organisationen erhoben.*

*Die so erfassten Zahlen werden beim NGO-Meter für alle Teilnehmer anonymisiert ausgewertet. So können die Organisationen ihre Leistungskennzahlen je nach Zielstellung mit denen anderer Organisationen vergleichen. Das kann zum einen eine Orientierung für die eigene Zielsetzung sein; zum anderen kann diese Information auch in der Außenwirkung der Organisation gegenüber den Spendern positive Effekte haben.*

# 7.2 Google Analytics für Anfänger

### Die Grundlagen im Überblick.

*Kathleen Ziemann, betterplace lab*

*Analytics ist das wohl bekannteste Analyse-Tool für Websites – etwa die Hälfte aller Websites nutzt das Tracking-Tool. Es bietet jede Menge Funktionen zur Erfassung von Besucherzahlen, Aufenthaltsdauer, Absprungrate und vieles mehr. Diese Daten helfen dabei, deine Website zu verbessern und den Online-Erfolg deines Projektes zu messen. Folgende Fragen helfen dir beim Start:*

### Wie installierst du Google Analytics?

Du kannst einfach den Analytics-Tracking-Code direkt im HTML-Code deiner Website einfügen. Hierfür musst du Zugang zum Quellcode deiner Website haben, mit HTML vertraut sein oder dir von einem Entwickler helfen lassen. Außerdem musst du bereits über ein Google-Analytics-Konto verfügen. Das kannst du dir kostenlos einrichten.

### Wie viele Nutzer besuchen deine Website?

Erfasse regelmäßig, wie viele Menschen deine Website besuchen. Du kannst die Besucherentwicklung auf einzelne Tage, Wochen oder sogar Jahre betrachten. So kannst du erkennen, wie sich das Interesse an deiner Organisation entwickelt und welche Maßnahmen zu mehr Besuchen auf deiner Website führen.

### Welche Webseiten (Unterseiten) sind besonders gut besucht?

Nun ist das genauere Verhalten deiner Nutzer interessant. Unter dem Menüpunkt „Verhalten" kannst du sehen, welche Seiten besonders häufig aufgesucht werden und wo besonders lange verweilt wird (Verweildauer). Dementsprechend viel Sorgfalt solltest du in die Gestaltung dieser einzelnen Seiten investieren.

### Woher kommen deine Nutzer?

Unter dem Menüpunkt „Akquisition" erfährst du, wie deine Nutzer auf dich stoßen. Zum Beispiel, welche Suchwörter sie eingeben, um auf deiner Seite zu landen – oder ob sie hauptsächlich über Social Media zu dir kommen. So kannst du anfangen, deine Nutzer entsprechend zu lenken. Du kannst außerdem mit Google Analytics den Erfolg von Kampagnenlinks messen. Dann weißt du ganz genau, welcher Kanal besonders erfolgreich auf deine Website lenkt.

### Erreichst du deine Ziele?

Unter dem Menüpunkt „Conversions" kannst du messen, ob die Nutzer einen von dir bestimmten Prozess auf deiner Website abschließen. Zum Beispiel einen Newsletter abonnieren oder eine Spende tätigen. Gibt es viele Abbrüche, kannst du versuchen, dein Spendenformular oder deine Newsletter-Registrierung zu verbessern.

### Gibt es Alternativen zu Google Analytics?

Google wird insbesondere in Deutschland wegen seiner Datenschutz-Richtlinien kritisiert. Wer deshalb nicht Google verwenden möchte, der kann auf einige kostenlose Alternativen mit ähnlichen Funktionen zurückgreifen. Zum Beispiel Piwik, Clicky oder Mint. Piwik ist nach Google Analytics das meistverwendete Tracking-Tool in Deutschland. Es ist eine Open-Source-Software und bietet die Möglichkeit, sämtliche Daten auf dem eigenen Server zu speichern.

### Was ist Conversion-Tracking?

Conversion bezeichnet im Online-Marketing das Ziel, Besucher einer Webseite zu einer konkreten Handlung zu bringen, zum Beispiel eine Onlinespende zu tätigen, einen Newsletter zu abonnieren oder ein Produkt zu kaufen. Das sogenannte Conversion-Tracking ermöglicht es, die Anzahl an Transaktionen (Einkäufen oder Spenden) im Verhältnis zur Anzahl der Website-Besucher zu messen sowie auch die Umsätze zu erfassen. Daraus ergibt sich die sogenannte Conversion-Rate, die dazu dient, zu analysieren, wie erfolgreich die Website-Betreiber ihre Ziele erreichen. Das Conversion-Tracking stößt allerdings dann an seine Grenzen, wenn der User das Internet verlässt und zum Beispiel einen Telefonkontakt herstellt. Diesen sogenannten Medienbruch überwindet zusätzliches Tracking. Zum Beispiel Telefontracking.

→ Mehr zum Conversion-Tracking und wie du es einrichten kannst:
support.google.com/adwords/answer/6095821

## Wofür kann ich Kampagnenlinks nutzen?

Tracking- bzw. Kampagnenlinks sorgen dafür, dass in Google Analytics ganz eindeutig ersichtlich wird, von welcher Quelle (wie z. B. einer bestimmten Facebook-Seite, einem Newsletter oder einer anderen Webseite) ein Besucher auf eine bestimmte Webseite gelangt ist. Der Link ist nach einem festen Format aufgebaut und enthält Informationen wie den Namen der Zielseite, der Quelle, der Kampagne oder der Organisation.

→ Hier kannst du deine eigenen Kampagnenlinks erstellen: gaconfig.com


## Was ist AdWords?

Bei einer Google-Suche sind bestimmte Suchergebnisse mit dem Begriff „Anzeige" gekennzeichnet. Diese Ergebnisse werden von Google als Ad-Words-Anzeigen bezeichnet. Dabei handelt es sich um bezahlte Anzeigen, die von Website-Betreibern erstellt werden und für die sie pro Klick bezahlen. Mehr zu AdWords erfährst du auf Seite 45.


Weiterführende Links:

→ Das Google Learning Centre google.com/analytics/learn/index.html

→ Analytics Academy analyticsacademy.withgoogle.com

→ google.com/analytics

# 7.3 „Extrem spannend finde ich Datensegmente"

## Thilo Reichenbach erklärt Google Analytics.

*Thilo Reichenbach, Leiter der Stabsstelle Media & Online bei Aktion Deutschland Hilft, ist Google-Analytics-Experte. Im Interview erklärt er das virtuelle Werkzeug und ermutigt Organisationen, es zu nutzen, um erfolgreicher Spenden zu sammeln.*

**Thilo, warum sollten NPOs Google Analytics nutzen?**

Weil ich glaube, dass Nonprofits (NPOs) Erfolg messen müssen, um optimal online fundraisen zu können. Und Google Analytics ist ein kostenfreies und sehr leistungsstarkes Tool dafür. Es ist auch mit deutschem Datenschutzrecht vereinbar, wenn die NPO mit Google einen Vertrag über die Auftragsdatenverarbeitung abschließt und die IP-Adressen anonymisiert. Letztlich muss aber jede Organisation für sich entscheiden, ob sie Tools wie Analytics einsetzt. Nutzer, die nicht erfasst werden wollen, können sich einfach ein Browser-Add-on installieren und werden dann nicht mehr von Google Analytics erfasst.

**Man kann mit Google Analytics sehr viele Daten sammeln. Welche Informationen sind besonders für deine Organisation, Aktion Deutschland Hilft, interessant?**

Sämtliche Basis-Kennzahlen – Anzahl der Besucher, durchschnittliche Sitzungsdauer oder die Herkunftsquellen der Besucher – sind schon einmal sehr wertvoll, um überhaupt einen Einblick zu bekommen, was auf unserer Website passiert, wo Besucher herkommen und wie sie sich verhalten. Allerdings besteht beim Durchklicken durch die verschiedenen Berichte in Google Analytics auch immer die Gefahr, sich in den Daten zu verlieren und keine echten Erkenntnisse zu gewinnen.

**Wie kann man das verhindern?**

Indem man sich zunächst fragt, was man eigentlich herausfinden will, etwa, zu welcher Tageszeit man die meisten Besucher hat. Wichtig ist auch, einen Kontext zu schaffen. Zum Beispiel sagt die durchschnittliche Besuchszeit auf einer Seite zunächst wenig aus. Vergleicht man sie aber mit der anderer Seiten, sieht man, ob die Besuchszeit einer bestimmten

Seite über- oder unterdurchschnittlich ist, und man kann die Seite entsprechend verbessern.

### Bietet Analytics noch mehr Möglichkeiten zum Datenvergleich?

Extrem spannend finde ich Datensegmente. Damit kann man alle Analytics-Reportings für einen bestimmten Teil der Daten betrachten und auch verschiedene Datensegmente miteinander vergleichen. Es ist doch spannend zu sehen, wie sich Benutzer verhalten, die über die Eingabe des Organisationsnamens bei einer Suchmaschine auf die Webseite gelangt sind, und ob sie sich nur umschauen oder auch spenden.

### Hast du einen Lieblingsparameter?

Ganz klar der Umsatz und die Anzahl der Spendentransaktionen. Darum geht es sicher vielen Organisationen, die Online-Fundraising betreiben. Um die Umsätze in Analytics zu sehen und diese auch nach Altersgruppen, Herkunftsquelle und anderen Kategorien aufschlüsseln zu können, muss man das „E-Commerce-Conversion-Tracking" einrichten, was für einen Webmaster kein Problem ist.

### Welche Konsequenzen habt ihr bei Aktion Deutschland Hilft bislang aus euren Analysen gezogen?

Google Analytics hilft uns besonders bei unseren Remarketing[1] und AdWords-Aktivitäten (siehe Seite 45). Unser Analytics-Konto ist mit unseren AdWords Konten verknüpft und ermöglicht uns, zielgenau zu werben. So kann ich beispielsweise Werbebanner an nur die Besucher ausspielen, die unsere Website in den letzten 30 Tagen besucht, aber nicht gespendet haben. Die Möglichkeiten sind extrem vielfältig, wenn man sich ein wenig mit AdWords auskennt. Sehe ich in Analytics beispielsweise, dass Besucher einer bestimmten Altersgruppe oder aus einer geographischen Region weit unterdurchschnittlich auf unsere Werbung reagieren, kann ich diese aus Kampagnen ausschließen bzw. Kampagnen nur auf „profitable" Gruppen ausrichten.

### Was ist noch hilfreich, um die Online-Präsenz zu verbessern?

Neben den eher quantitativen Tools macht es auch Sinn, die Webseiten-Besucher hin und wieder direkt zu befragen, wenn die quantitativen Daten nicht ausreichen oder es sich um zukunftsbezogene Fragen handelt. Welche Features vermissen die Besucher? Was sollen wir beim Relaunch beachten?

## MESSEN

**Wie steht es um Kampagnenlinks, welche Erfahrungen hast du damit gemacht?**

Kampagnenlinks und E-Commerce-Conversion-Tracking sind sehr wichtig, um den Erfolg bezahlter Werbeschaltungen zu messen. Gut funktionierende Werbung skalieren wir entsprechend, nicht funktionierende Werbung stoppen oder optimieren wir. Mittlerweile fragen sogar Unternehmen, die für uns Spenden sammeln, nach diesen Kampagnenlinks. Denn nur so können wir ihnen später detaillierte Auskunft über den Erfolg ihrer Spendensammlungen geben. Durch das Kampagnentracking können Nonprofits auch perfomancebasierte Partnerschaften mit Webseitenbetreibern abschließen und die dort eingeblendete Werbung nicht wie sonst pro Einblendung, sondern nach Spendenumsatz vergüten..

**Wie viel Zeit kostet dich Analytics?**

Das ist unterschiedlich. Aktion Deutschland Hilft ist ja ein Bündnis, das bei großen Katastrophen Hilfe leistet. Deshalb sind für uns diese Zeiträume sehr wichtig, in denen viele Spenden eingehen. In solchen Zeiten schaue ich täglich in die AdWords- und Analytics-Konten, um zu analysieren, was funktioniert. In ruhigeren Zeiten nutze ich Analytics seltener, eher wöchentlich. Wichtig ist, das Tool zu nutzen, um Antworten auf konkrete Fragen zu finden und daraus dann Handlungen abzuleiten. Es wäre schade, Analytics nur für Reportingzwecke zu nutzen.

**Was muss man können, um das volle Potenzial von Google Analytics zu nutzen?**

Es ist sinnvoll, sich am Anfang einmal intensiv mit Analytics auseinanderzusetzen. Wenn man es einmal beherrscht, erklärt sich vieles intuitiv. Mein Tipp ist – und das gilt auch für AdWords –, das Learning Center von Google zu nutzen. Hier erhält man einen strukturierten Überblick über die Funktionen von Analytics und kann die Google Analytics IQ-Prüfung kostenfrei ablegen. Besteht man die Prüfung, erhält man von Google sogar ein entsprechendes Zertifikat.

Thilo Reichenbach,
*Leiter der Stabsstelle Media & Online*
*Aktion Deutschland Hilft*

# 7.4 Aus Daten lernen

## Wie Wikimedia ihre Spendeneinnahmen Jahr für Jahr steigert.

Franziska Kreische, betterplace lab

*Wikimedia Deutschland e. V. brach 2014 mit einer ausgeklügelten Online-Spendenkampagne alle Spendenrekorde im Online-Fundraising. Der Verein, der Förderer der deutschen Wikipedia-Seite ist, sammelte innerhalb von vier Wochen 8,2 Millionen Euro. Dieser Erfolg ist das Ergebnis systematischen Fundraisings und umfassender A/B-Tests. Seit fünf Jahren sammelt Wikimedia Daten und Erkenntnisse über Spender und ihr Verhalten und konnte damit die jährlichen Spendeneinnahmen erheblich steigern – von 700.000 Euro auf 8,2 Millionen Euro. Hier die Erfolgsfaktoren im Detail.[1]*

Der wichtigste Online-Fundraisingkanal für Wikimedia ist der Spendenaufruf auf der Wikipedia-Website, die täglich millionenfach besucht wird. 2014 hat etwa ein Prozent der Wikipedia-Leser gespendet. Über ein sogenanntes Kampagnenbanner wurden über drei Viertel der Spenden eingenommen. Daneben leisteten nur noch die Einnahmen durch Postmailings (1,4 Millionen Euro) einen signifikanten Beitrag zur Gesamtspendensumme.

**Die wichtigsten Erfolgsfaktoren**

Wikimedia hat während der Fundraising-Kampagnen in den vergangenen Jahren zahlreiche Tests durchgeführt, um die Botschaften auf ihren Bannern und Spendenseiten zu optimieren. Vor allem durch sogenannte A/B-Tests (siehe Kasten Seite 162) konnten die Kampagnenmacher genau ermitteln, welche Faktoren maßgeblich zur Steigerung der Spendeneinnahmen geführt haben.

• **Förmliche Ansprache:** Die Spendenbanner von Wikimedia werden in Deutschland bis zu 20 Millionen Mal pro Tag geladen. Die Tests ergaben: Deutsche Wikipedia-Spender mögen es höflich und aktuell. Am besten wird gesiezt, der Text sollte eine Anrede am Anfang und eine Dankesformel am Ende enthalten. Auch Aktualität und Kontext sind wichtig. So führte die Aussage: „Jetzt sind Sie in Deutschland gefragt.", zu einer Steigerung der Spendeneinnahmen um 11 Prozent. Auch die Nennung des konkreten Tages oder eines bestimmten Ereignisses halfen: Wurde Weihnachten im Spendenbanner erwähnt, stiegen die Spendeneinnahmen um 13 Prozent.

- **Fakten statt persönlicher Ansprache:** Im Vergleich zu den Bannern mit einem persönlichen Spendenaufruf des Wikipedia-Gründers Jimmy Wales steigerte ein Faktenbanner die Spendenquote um 185 Prozent.

*Liebe Leserinnen und Leser:* Verzeihen Sie die Störung. Einmal im Jahr bitten wir Sie um Ihre Unterstützu[ng] uns durch Spenden von durchschnittlich 20 €. Jetzt sind Sie in Deutschland gefragt. Wenn alle, die das j[etzt] Millionen Mal wird unser Spendenaufruf täglich angezeigt, aber nur 1.172.856 Menschen haben bisher ge[spendet] eine Minute Zeit und geben Wikipedia mit Ihrer Spende etwas zurück. *Vielen Dank!*

Heute endet unsere Spendenkampagne.

*i* SPENDENKONTO Wikimedia Foerdergesellschaft BIC BFSWDE33BER IBAN DE33 1002 0500 0001 1947 00

Abbildung 29: Lieber Fakten statt persönlichem Wikipedia-Gründer-Gruß. Dieses Faktenbanner war besonders erfolgreich.

- **Dranbleiben:** Bezüglich zeitlicher Platzierung, Länge und Design des Banners lässt sich sagen: Der optimale Zeitpunkt für die Bannerschaltung ist 7,5 Sekunden nach dem Laden der Seite. Das Banner fährt am Besten beim Scrollen mit herunter, ohne dabei die Inhalte der Website zu verdecken. Es farblich hervorzuheben (etwa in in Gelb), zieht weitere Aufmerksamkeit der Nutzer auf sich.

- **Wege verkürzen:** Spenden muss so einfach wie möglich sein. Deshalb sollte das Spendenformular direkt im Banner integriert sein. Für Nutzer, die lieber offline Spenden, muss zudem die Bankverbindung auf einen Blick sichtbar sein.

- **Spendenhürden minimieren:** Im Spendenformular sollten mögliche Spendensummen bereits vorgegeben sein – Wikimedia bietet sieben Stufen an, beginnend bei 5 Euro. Weil kleine Spendenbeträge das Gefühl vermitteln, dass jeder Betrag zählt, sollte die Auswahl hier groß sein. Mit dem Hinweis: „Wenn jeder Leser nur einen kleinen Beitrag spenden würde, wäre unsere Kampagne in einer Stunde vorüber.", konnte Wikimedia den Eindruck vermitteln, dass es nicht darum geht, wie viel man, sondern dass man überhaupt spendet.

- **Kampagnenziel visualisieren:** Für potenzielle Spender ist es wichtig, das Kampagnenziel zu kennen. Ein Spendenbarometer visualisiert den Spendenstand und verdeutlicht die Dringlichkeit der Spende. Die Fundraiser von Wikimedia fanden heraus, dass so vor allem zum Ende einer Kampagne die Spendenbereitschaft deutlich steigt. Ähnliches gilt auch für den Spendenaufruf: Formulierungen wie: „Einmal im Jahr rufen wir Sie dazu auf", verdeutlichen, dass es sich um eine einmalige, dringende Angelegenheit handelt und man danach erst einmal nicht so bald wieder belästigt wird.

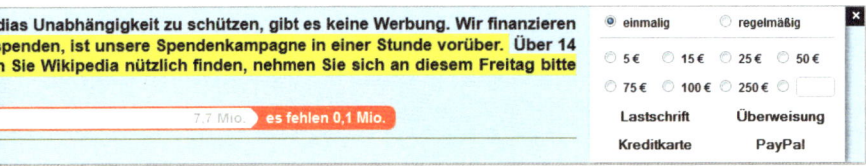

• **Spenderbindung auch offline:** Online-Fundraising ist für Wikimedia nicht der einzige Weg, Spender zu gewinnen. Mehrfachspender und Mitglieder konnten vor allem durch postalische Mailings erfolgreich an Wikimedia gebunden werden. Auch der postalische Versand der Spendenbescheinigung ist laut Wikimedias Fundraising-Bericht wichtig, um Spender zu gewinnen. Ebenso der Spenderservice: Während einer Kampagne sollte es immer mindestens einen festen Ansprechpartner geben, an den sich Spender per Telefon oder E-Mail wenden können.

## A/B Tests fürs Fundraising nutzen

Bei einem A/B-Test erstellt man zwei Versionen einer Webseite – zum Beispiel der Startseite – um zu testen, welche Version besser funktioniert. So kannst du zum Beispiel die Originalversion deiner Website gegen ein völlig neues Design, oder deinen üblichen Newsletter gegen eine verkürzte Version testen. Dazu teilst du deine Zielgruppe in zwei Gruppen und testest an Gruppe A die Originalversion und an Gruppe B die veränderte Version. Anschließend vergleichst du die Reaktionen. Dabei solltest du Folgendes beachten:

- **Nicht zu viel auf einmal:** Pro Test sind nur wenige Modifizierungen sinnvoll – am besten veränderst du nur eine Variable (zum Beispiel die Farbe des Spendenbuttons), um ihre Wirksamkeit zu testen. Schon kleine Änderungen können zu großen Unterschieden führen. Elemente, die häufig getestet werden, sind: Textlänge, Farbe, Platzierung und Call to Action (zentrale Handlungsaufforderungen wie „Spende jetzt!" versus „Jetzt bitte spenden!").

- **Laufzeit:** Damit deine Ergebnisse aussagekräftig und statistisch signifikant sind, darfst du deinen Test nicht zu früh abbrechen. Lässt du ihn aber zu lange laufen, verpasst du Anmeldungen oder Spenden, weil die schlechtere Variante angezeigt wird. Es gibt Online-Rechner, um die statistische Relevanz zu berechnen, z. B. vwo.com/ab-split-test-significance-calculator.

- **Ziele und Test müssen zusammenpassen:** Willst du die Zahl der Newsletter-Anmeldungen erhöhen, könntest du die Größe des Anmelde-Buttons, die Länge des Anmeldeformulars, die Reihenfolge der Anmeldefelder, usw. testen. Ziel des A/B-Tests wäre hier, herauszufinden, was die Besucher davon abhält, sich anzumelden. Ist das Anmeldeformular zu lang oder fragt es die falschen Informationen zuerst ab? Diese Fragen kannst du beantworten, indem du die entsprechenden Elemente veränderst. Weitere Zielfragen können sein: Wie kann ich die Verweildauer auf der Webseite erhöhen? Welche unveränderten Links oder Buttons werden nach Anpassungen anderer Elemente häufiger geklickt?

**Welche Besucher testen?** Achte beim A/B-Test darauf, die Stammleser nicht zu verwirren. Wenn du einen wichtigen Bestandteil deiner Webseite testest (etwa die Startseite), solltest du nur neue Besucher in den Test einbeziehen, um regelmäßige Leser nicht zu verwirren, auch, weil die getestete Variante eventuell gar nicht dauerhaft umgesetzt wird.

A/B-Tests lassen sich mit Google Analytics planen, umsetzen und auswerten. Etwas einfacher ist der Visual Website Optimizer: Die Probeversion ist kostenlos, und du kannst damit auch ohne Programmierkenntnisse Website-Tests durchführen (vwo.com). Newsletter kann man meist direkt mit der Software der entsprechenden Anbieter testen (etwa MailChimp).

# AUSBLICK UND TRENDS
## ONLINE-FUNDRAISING UND CSR DER ZUKUNFT

Hier noch ein paar steile Thesen: Wie sich das Online-Fundraising mit der Weiterentwicklung digitaler Technologien verändert. Und über welche Kanäle du Unternehmen in Zukunft erreichst.

# 8.1 „Die Kluft zwischen Organisationen, die online fundraisen, und denen, die das nicht tun, wird immer größer."

## Dr. Joana Breidenbach vom betterplace lab im Interview.

*Wie wird sich Online-Fundraising in Deutschland entwickeln? Joana Breidenbach verfolgt die Szene seit vielen Jahren. Die Gründerin von betterplace.org und Leiterin des betterplace lab, einem Think-and-do-Tank für digital-soziale Innovationen, spricht über One-Touch-Spenden, Sensoren für mehr Transparenz und Philantro-Teens.*

**Joana, zunächst zum Status quo: Wie ist es aktuell ums Online-Fundraising in Deutschland bestellt?**

Als wir betterplace.org vor acht Jahren gegründet haben, dachten wir, dass Online-Fundraising in Deutschland ähnlich schnell an Fahrt aufnehmen würde wie E-Commerce. Das war aber nicht der Fall. Seit einigen Jahren dümpelt der Anteil des Onlinespendenvolumens zwischen drei und fünf Prozent. Allerdings muss man dazusagen, dass die Datenlage schlecht ist, denn Onlinespenden werden nicht gesondert erfasst. Das würden wir gern mit unserer Initiative, dem NGO-Meter, ändern. Jedenfalls gibt es in bestimmten Bereichen doch ein starkes Wachstum, etwa in Katastrophenfällen wie zuletzt beim Erdbeben in Nepal. Bei vielen Organisationen kommen dann mehr als die Hälfte der Spenden online rein.

**Welche Entwicklungen im Online-Fundraising beobachtest du gerade?**

Spendenaktionen von Einzelpersonen verbreiten sich immer mehr. Besonders unter den Millennials ist diese Art des Fundraisings beliebt. Zum Beispiel sammeln sie zum Geburtstag Spenden und verzichten auf Geschenke. Als Digital Natives können die Jugendlichen mit ihrer Aktion im Internet große Sichtbarkeit erreichen – und viele Organisationen wissen das zu nutzen. Dass der Trend schon ziemlich groß ist, erkennt man daran, dass soziale Organisationen schon eigene Formate zum Geburtstagsfundraising anbieten – charity: water macht das zum Beispiel in den USA, schon über 65.000 Menschen haben zu ihrem Geburtstag Spenden für die

NPO gesammelt. betterplace.org bietet das Format auch an. Ich finde toll, dass für viele junge Menschen das Spenden so selbstverständlich geworden ist – in den USA spricht man schon von Philantro-Teens.

**Wie sammeln die Millennials noch Spenden – vor allem in Deutschland?**

Ich denke, dass so unterhaltsame Aktionen wie die Ice Bucket Challenge oder der Movember, wo Männer ihre Bärte gegen Spenden wachsen lassen, in Deutschland neue Akzente gesetzt haben. Viele Menschen hatten Lust, sich für eine gute Sache einzusetzen, wenn es Spaß macht und in den Medien stattfindet, in denen sich die Jugendlichen bewegen. Durch die Ice Bucket Challenge sind mehr als 100 Millionen US-Dollar für eine Krankheit gespendet worden, die vorher fast unbekannt war. Auch in Deutschland waren es mehrere Millionen Euro. Deswegen glaube ich, dass Spendenaktionen in Deutschland weiter an Fahrt aufnehmen werden. Damit meine ich nicht nur Geburtstags- oder Eiswasseraktionen. Bei

**Abbildung 30:** Im Namen der Movember Foundation lassen sich im November jedes Jahres Männer ihre Bärte wachsen und sammeln Spenden für Männergesundheitsprogramme (z. B. Hodenkrebs-Vorsorge).

betterplace.org veranstalten wir zum Beispiel dieses Jahr im Dezember den ersten deutschen #GivingTuesday, einen Tag, bei dem sich alles ums Spenden dreht und der in allen Social-Media-Kanälen rauf und runter laufen wird. Wir sind gespannt, ob das zündet.

**Wieso sind solche Formate besonders bei Jugendlichen erfolgreich?**

Viele Projekte nutzen den Bottom-up-Impuls der Jugendlichen. Sie machen aus einem gegebenen Anlass im Leben der Jugendlichen eine Spendenaktion. Aus dem Geburtstag eben oder wie UNICEF aus dem Trick-or-Treat an Halloween, wo Kinder statt Süßigkeiten Spenden sammeln. Besonders gut werden solche Aktionen, wenn sie die Jugendlichen auch inhaltlich einbinden. Die Jugendinitiative Think Big von Telefónica hat das zum Beispiel über einen „Expertenrat" gemacht. Viele Organisationen tun sich aber mit Jugendlichen schwer. Die Kollaboration zwischen Viva con Agua und der Welthungerhilfe finde ich eine schlaue Lösung für dieses Problem. Da wird eine flexible und für Jugendliche besonders attraktive Organisation zum Fundraiser für die große, nicht ganz so flexible Welthungerhilfe.

**Was ist mit den älteren Spendern?**

Es gibt auch Entwicklungen, die alle Altersgruppen betreffen. Zum Beispiel sehen wir immer mehr „Painless Giving", also die Möglichkeit, beim Bezahlen ohne Mehraufwand zu spenden. Mit „AmazonSmile" können Kunden beispielsweise automatisch 0,5 Prozent der Kaufsumme an wohltätige Organisationen spenden. Auch spenden immer mehr Menschen per Handy, und das haben ja auch alte Menschen. Auf betterplace.org kommen bereits 40 Prozent der Zugriffe von mobilen Geräten. Besonders einfach kann man per „one touch" oder „one click" spenden, etwa mit der App ShareTheMeal. Die Integration von PayPal, Amazon Payments und ähnlichen Zahlungsdiensten wird das Onlinespenden noch einfacher machen. All das führt zur größeren Integration des Spendens ins alltägliche Leben.

**Das Internet wird also für die Finanzierung sozialer Projekte immer wichtiger?**

Ja, auf jeden Fall! Spendenplattformen wie betterplace.org sind ein globaler Trend. Weltweit wird in diese Idee viel investiert und zwar von Ägypten bis nach Südafrika und von Mexiko bis Japan. Hinzu kommen die Crowdfunding-Plattformen. Auch Petitions-Plattformen wie Avaaz und Change.org fangen allmählich an, Spenden zu sammeln. Das Internet wird immer wichtiger für die Finanzierung sozialer Projekte.

**Was bedeutet das für die Organisationen?**

Sie werden mehr Einzelspenden bekommen und Dauerspender verlieren. Die Herausforderung wird sein, Bestandsspender zu halten und gleichzeitig in die zukünftige Spenderschaft, also die Jüngeren, zu investieren. Die Kluft zwischen den Organisationen, die Online-Fundraising betreiben, und denen, die das nicht tun, wird immer größer werden.

**Was sind die heißesten Trends im Online-Fundraising weltweit?**

Die Spender wollen sehen, was mit ihrer Spende passiert – zum Beispiel mithilfe von Sensoren. So hat kürzlich eine Trinkwasserorganisation Sensoren in Brunnen installiert und meldet in Echtzeit, ob alle Brunnen laufen. Und die Katastrophenhilfeorganisation ShelterBox experimentiert mit GPS-Sendern an ihren Nothilfe-Sets. So kann der Spender in Echtzeit sehen, dass seine Hilfe ankommt. Das Internet of Things wird in absehbarer Zeit Einzug in den sozialen Sektor halten und das Thema Transparenz auf ein ganz neues Level heben.

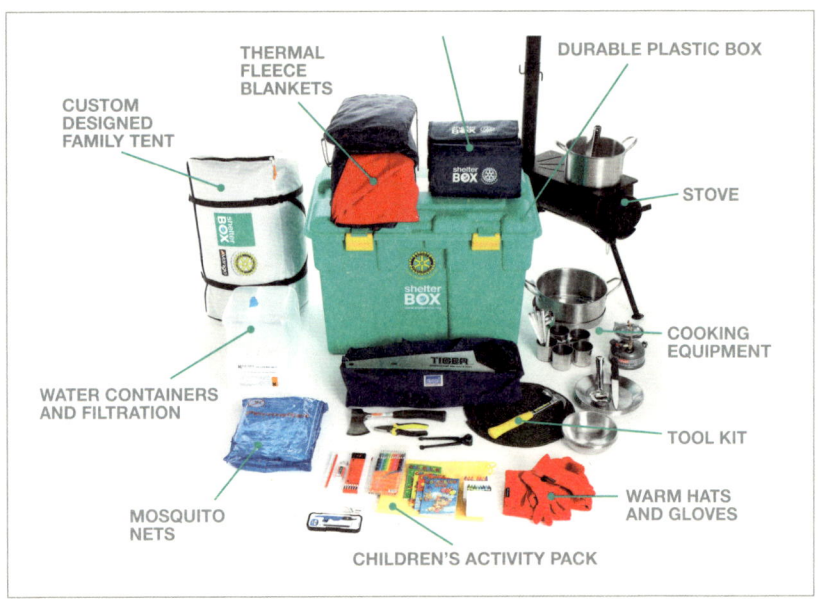

Abbildung 31: Die Überlebensboxen der Katastrophenhilfeorganisation ShelterBox könnten bald einen GPS-Sender haben.

**Joana Breidenbach**
*Mitgründerin von betterplace.org und
Gründerin des betterplace lab
trendreport.betterplace-lab.org*

# 8.2 Wenn Unternehmen online Gutes tun

## Digitale Trends im gesellschaftlichen Engagement von Unternehmen.

*Theresa Filipovic, betterplace.org*

*Gesellschaftliche Verantwortung wahrzunehmen, ist für viele Unternehmen längst zu einem zentralen strategischen Element geworden. Denn immer mehr Mitarbeiter und Kunden wollen wissen, wie sich die Handlungen von Unternehmen auf Gesellschaft und Umwelt auswirken. Sie wollen nicht nur informiert werden, sondern auch Einfluss nehmen und mitdiskutieren. Deshalb verlagern Unternehmen ihre CSR-Maßnahmen zunehmend ins Internet. Das sorgt für mehr Transparenz und Partizipation.*

Kaum jemand weiß, ob oder wie sich ein Unternehmen gesellschaftlich engagiert: Laut einer Umfrage der Europäischen Kommission hatten nur 36 Prozent der Befragten den Eindruck, ausreichend über die Maßnahmen von Unternehmen zur Wahrnehmung ihrer gesellschaftlichen Verantwortung informiert zu sein.[1] Das liegt unter anderem auch daran, dass das Engagement genau dort nicht zu finden ist, wo heute jeder ist: im Internet. So wurden zum Beispiel bei den CSR Online Awards[2] 2014, bei denen die CSR-Maßnahmen der 100 größten börsennotierten Unternehmen in Europa bewertet werden, ein Viertel der Unternehmen ausgeschlossen, weil sie nicht einmal ein Minimum an Informationen online bereitstellten.[3]

### Gutes tun im Internet – wie machen Unternehmen das eigentlich?

Aber es geht auch anders: So unterstützt betterplace.org Unternehmen dabei, ihr CSR-Engagement digital und transparent abzuwickeln. Im Laufe der Zeit entstanden verschiedene digitale Programme und Initiativen.

- **Digitale Schnittstellen zu Mitarbeitern nutzen:** Anlässlich des Erdbebens in Nepal im Frühjahr 2015 rief SAP in seinem Firmen-Intranet zu Spenden für die Erdbebenopfer auf. Der sogenannte SAP Solidarity Fund hat ein Profil auf betterplace.org angelegt, über das die SAP-Mitarbeiter mehr als 125.000 Euro sammelten – den Fortschritt der Spendenaktion konnten sie transparent mitverfolgen. So wurden die ersten 100.000 Euro bereits in den ersten drei Wochen gesammelt.
  → nepal-sap.betterplace.org

- **Via Social Media mobilisieren:** Vodafone setzte 2014 eine spannende Live-Spendenaktion um. Unter dem Titel Hashtag „Spenden" spendete das Telekommunikationsunternehmen pro vergebenem Hashtag einen Euro an ausgewählte soziale Projekte. Neun YouTube-Blogger unterstützten die Aktion, das Hashtag „Spenden" verbreitete sich in wenigen Stunden auf Twitter und in anderen sozialen Netzwerken, und in 24 Stunden waren die zur Verfügung gestellten 100.000 Euro von Vodafone verspendet. Auch hier war die Abwicklung wegen der Schnittstelle zu betterplace.org einfach und die Verteilung der Gelder transparent. Die Aktion lief so gut, dass sie für den Deutschen Preis für Onlinekommunikation 2015 nominiert wurde.
  → hashtagspenden.de

Abbildung 32: Die Aktion #Spenden von Vodafone

- **Transparent und nachvollziehbar berichten:** Im Rahmen seiner Kiezhelden-Spendenaktion hat der FC St.Pauli innerhalb eines Tages hunderte Spenden an soziale Projekte in Hamburg ausgelöst. Der Fußballverein verdoppelte die eingehenden Spenden bis zu einem Gesamtbetrag von 10.000 Euro (durch einen sogenannten Matching Fund) und konnte dank der Unterstützung der Community mit seinem Budget doppelt so viel bewegen. Und die teilnehmenden Projekte profitierten langfristig von der Aktivierung ihrer Unterstützer. Auf der dazugehörigen Aktionsseite bei betterplace.org wurden alle teilnehmenden Projekte vorgestellt und die Spendenflüsse transparent dargestellt.
  → fc-st-pauli-verdoppelt.betterplace.org

**Die Beispiele zeigen:** Wenn es ein Unternehmen schafft, seine Zielgruppe schnell und unkompliziert zu mobilisieren, zum Beispiel über Social-Media-Kanäle oder das Intranet, dann profitiert es auf vielfältige Weise.

**Online vom Unternehmensengagement berichten – auch langfristig**

Die Berichterstattung zum Unternehmensengagement sollte über Facebook und Twitter hinausgehen und zumindest einen festen Platz auf der Website und im Jahresbericht bekommen – wenn nicht sogar einen eigenen Bericht. Auch hier gibt es viele digitale Möglichkeiten. Ein gutes Beispiel ist der integrierte Bericht von SAP: Das Unternehmen veröffentlicht jährlich einen Report, der „alle Informationen über unsere finanzielle, gesellschaftliche und ökologische Leistung" beinhaltet. Der sogenannte Integrierte Bericht erscheint als Website, die digitales Storytelling nutzt.[4] Mitarbeiter berichten in kurzen Videos über ihre Erfahrungen mit dem gesellschaftlichen Engagement ihres Unternehmens.

*CSR wird digitaler. Wie können NPOs davon profitieren?*

*Weil Unternehmen Beratung und technische Unterstützung für die Sichtbarkeit und Machbarkeit ihres Engagements im Internet stärker nachfragen, hat betterplace.org als Deutschlands größte Online-Spendenplattform verschiedene Online-Formate geschaffen.* **Wie können nun NPOs davon profitieren?**

- *Unternehmen als Partner einbinden. Im Rahmen einer Fundraising-Umfrage von Altruja gaben 51 Prozent der teilnehmenden NPOs an, Unternehmensspenden als den wichtigsten Fundraisingkanal für die Zukunft zu bewerten.[5] Dennoch haben viele NPOs Vorbehalte vor der engeren Bindung an Unternehmen. Dabei können diese über ihre Spende hinaus, zum Beispiel mit dem Expertenwissen ihrer Mitarbeiter, ein gewinnbringender Partner sein.*

- *Die Reichweite von Unternehmen nutzen. Mit ihrem Kunden- und Mitarbeiterstamm verfügen Unternehmen über wertvolle Kontakte, die auch die unterstützte NPO für ihre Zwecke nutzen kann. Ein gut vernetztes Unternehmen bedeutet Zugang zu vielen potenziellen Spendern – das Beispiel Vodafone Hashtag-Spenden hat's bewiesen.*

- *Für Unternehmen erreichbar sein. Viele Unternehmen sind noch auf der Suche nach dem richtigen Partner für ihr Engagement. Eine gute Website macht deine NPO besser auffindbar und ist der erste Schritt. Bist du in verschiedenen Netzwerken und auf einer Online-Spendenplattform wie betterplace.org registriert, bekommst du hierüber zusätzlich bessere Sichtbarkeit bei Unternehmen.[6]*

# Checkliste

*Ja, diese Checkliste ähnelt dem Inhaltsverzeichnis des Buches. Doch gerade weil sie dich auffordert, Häkchen hinter die Punkte zu machen, soll sie dir auch als Erinnerung dienen, was noch zu tun ist. Bei so manchem Punkt musst du dich ein wenig anstrengen, um ihn abhaken zu können. Aber wenn hier schließlich kein Häkchen mehr fehlt, kann dein Online-Fundraising nur noch erfolgreich sein!*

### GRUNDLAGEN

Für Online Fundraising entschieden? Verantwortlichen bestimmt? ☐

Passende Arten des Online-Fundraisings gewählt
(Spendenformular, Painless Giving, etc)? ☐

Anbieter gewählt? ☐

Webseite optimiert? ☐

SEO und SEA optimiert? ☐

### 1. BEWUSSTSEIN FÜRS PROBLEM SCHAFFEN

Problem definiert, das deine Organisation löst? ☐

Ziel eurer Kommunikation definiert? ☐

Potentielle Zielgruppe ausfindig gemacht? ☐

Geschichte bzw. Pitch euerer Organisation steht?
(Warum muss man gerade euch unterstützen?) ☐

Steht der Newsletter und werbt ihr um Abonnenten? ☐

Pressearbeit (z.B. Pressemitteilung) ☐

### 2. INTERESSENTEN BINDEN

Habt ihr eure Social Media Kanäle gewählt? ☐

Ist klar, wer sie mit welcher Strategie und Werkzeugen betreut? ☐

### 3. FRAGE NACH ENGAGEMENT BZW. SPENDE: BITTEN

Steht die Bitt-Strategie? ☐

Kampagne dahinter geplant? ☐

Formate und Wege der Bitten gewählt? ☐

### 4. DANKEN

Kreative und persönliche Danke-Ideen gesammelt?
Etwaige Logistik geklärt? ☐

### 5. BERICHTEN

Formate und Geschichten gewählt, die dem Spender zeigen,
wie seine Spende wirkt? ☐

### 6. SPENDER ZU MULTIPLIKATOREN MACHEN

Spendermanagement geklärt? Tool oder Excel? ☐

Kreative Spendenaktion überlegt? ☐

### 7. DAUERBEZIEHUNG AUFBAUEN

Strategie für besonders engagierte Unterstützer überlegt? ☐

Ideen, wie man sie besonders wertschätzen kann? ☐

### 8. MESSEN UND OPTIMIEREN

Erste Schritte im Controlling gegangen? ☐

In Google Analytics eingearbeitet? ☐

Sehr empfehlenswert:
Das Fundraising 2.0: kit und die Map for Good mit einer Übersicht aller
Online-Spenden-Instrumente → www.fundraising20.de

# Autoren

**Dennis Buchmann** ist Diplom-Biologe und Absolvent der Deutschen Journalisten-schule. Er hat das Magazin Humanglobaler Zufall erfunden und als Chefredakteur geleitet. Im betterplace lab arbeitet Dennis redaktionell und konzeptionell.
→ dennis.buchmann@betterplace.org

**Julia Eisenberg** hat unter anderem als Biologin und Filmproduzentin gearbeitet. Bei betterplace.org arbeitete sie unter anderem als Community-Managerin für Think Big. Für das betterplace lab entwickelt sie visuelle Konzepte und Videos. Derzeit ist Julia in Elternzeit. → lab@betterplace.org

**Theresa Filipovic** ist bei betterplace.org für die Betreuung der Unternehmens-kooperationen verantwortlich. Ihr Team sorgt dafür, dass Unternehmen verschie-dene Online-Spendenformate erfolgreich nutzen können. Früher war sie Projekt-managerin für digitale Produkte in der Verlagswelt.
→ theresa.filipovic@betterplace.org

**Leonie Gehrke** ist Politik- und Medienwissenschaftlerin. Bei betterplace.org hat sie ein Auge auf die Zeitspenden, kümmert sich um die Presseanfragen und arbei-tet im Team Projekte und Organisationen. Dort dreht sich alles um die Unterstüt-zung von Organisationen im Bereich des Online-Fundraisings.
→ leonie.gehrke@betterplace.org

**Anika Geisel** arbeitet im Public-Policy-Team von Facebook in Berlin. In ihrer Funk-tion berät sie politische Akteure und Institutionen darin, wie die Kommunikation über Facebook gestaltet sein muss, um erfolgreich zu sein. → www.anikageisel.de

**Johanna Hartung** ist Politik- und Kommunikationswissenschaftlerin. Im Sommer 2014 war sie für ihre Masterarbeit in Gambia und hat dort die Ausbreitung des Ebola-Virus erlebt. Sie startete eine Spendenaktion, bei der innerhalb weniger Wochen 8.500 Euro gespendet wurden. → johanna.hartung@gmail.com

**Eva Hieninger** ist freie Beraterin für Online-Fundraising, Marketing und Campa-igning. Sie berät unter anderem Ärzte ohne Grenzen, die Caritas und den Clean Energy Wire und ist Referentin sowie Fachautorin unter anderem beim Fundrai-ser-Magazin und der Stiftung & Sponsoring. → mail@evahieninger.de

**Jona Hölderle** berät und schult mit seiner Firma Pluralog gemeinnützige Organisationen im Online-Marketing. Weil er Organisationen mag, will er sie gestalten. Das macht er mit den Schwerpunkten Social Media und Online-Fundraising. → *www.pluralog.de*

**Anne Isakowitsch** ist Senior Campaignerin bei SumOfUs, einer Online-Kampagnenorganisation, die weltweit gegen die zunehmende Macht von Großkonzernen kämpft. Letztes Jahr hat Anne das erste Campaign Boostcamps in Deutschland mitgegründet. → *Anne@sumofus.org*

**Katja Jäger** ist Mitarbeiterin im Support bei betterplace.org und kümmert sie sich um die Anliegen der Spender. Sie studiert derzeit noch den Master „Nonprofit Management und Public Governance" an der HWR Berlin und lernt dort viel über den gemeinnützigen Sektor in Deutschland. → *katja.jaeger@betterplace.org*

**Yong-Min Markus Jo** war drei Jahre lang Produktmanager bei betterplace.org und zugleich für SEO zuständig. Seine praktischen Erfahrungen sind in den vorliegenden Text eingeflossen. Markus hilft euch gern weiter bei Fragen. → *yongminmjo@gmail.com*

**Franziska Kreische** ist Queen of Content im betterplace lab und kümmert sich um den Blog, Newsletter und Social Media. Parallel zu ihrem Politikstudium hat Franziska auch schon Öffentlichkeitsarbeit für die KfW Entwicklungsbank gemacht. → *franziska.kreische@betterplace.org*

**Björn Lampe** ist Diplom-Politologe und betreut als Prokurist und Bereichsleiter die Projekte und Organisationen bei betterplace.org. Er ist seit 1992 Blogger und berät NPOs in Online- und Fundraising-Fragen. Manchmal bloggt er auf kampagne20.de. → *bjoern.lampe@betterplace.org*

**Moritz Meier** leitet seit 2011 den Bereich Marketing & Fundraising bei Viva con Agua. Nach dem Studium (BWL und Kulturwissenschaften) führt ihn sein Weg zunächst in die Musikbranche, wo er 2007 als ehrenamtlicher Supporter seine erste Fundraising-Idee für Viva con Agua umsetzt: die Pfandbecher-Spende auf Festivals. → *m.meier@vivaconagua.org*

**Silke Penner** ist Diplom-Kauffrau und arbeitet als wissenschaftliche Mitarbeiterin an der Europa Universität Viadrina. Für das betterplace lab ist sie maßgeblich für die Entwicklung des NGO-Meters verantwortlich. → *Penner@europa-uni.de*

**Stephan Peters** hat Sprach- und Kommunikationswissenschaft studiert. Vorher war er als Texter tätig, hinterher an der FU Berlin im Exzellenzcluster „Languages of Emotion" als wissenschaftlicher Mitarbeiter sowie als Dozent an der TU Berlin angestellt. 2013 kam er zu betterplace.org, um das Marketing zu verstärken; 2015 dann der Wechsel ins betterplace lab. → *stephan.peters@betterplace.org*

**Sabine Rietz** ist Journalistin und freie Trainerin in Berlin. Sie hat viel Erfahrung im und Spaß am Texten für Fundraising und bringt in ihren Workshops Menschen gutes Schreiben bei. Sie ist außerdem Redakteurin bei der Nothilfeorganisation Ärzte ohne Grenzen. → *sabine@memos-online.org*

**Yvonne Scheurer** arbeitet seit 2012 bei Deutschlands größter Spendenplattform betterplace.org. Als Mitarbeiterin im Team Projekte & Organisationen ist sie täglich im Dialog mit gemeinnützigen Organisationen in Deutschland und berät diese zu allen Fragen, die sich gemeinnützige Projekte rund um das Thema Online-Fundraising stellen. → *yvonne.scheurer@betterplace.org*

**Ulrich Schlenker** arbeitet bei Oxfam Deutschland im Bereich Marketing & Kommunikation. Zuvor hat er viele Jahre politische Kampagnenarbeit gemacht. Er ist Mitbegründer des Campaign Boostcamps und bloggt auf Kampagne 2.0. → *@uschlenker (Twitter)*

**Julia Selensky** ist Expertin für Online-Marketing mit Fokus auf Social Business/Non Profit Projekte. Sie bietet Beratung und Projektsteuerung im Suchmaschinen- und Social-Media-Marketing sowie Trainings und Workshops. Außerdem ist sie Certified Google Advertising Professional. → *www.socialimpact-marketing.com*

**Natalie Stark** ist im Marketing bei der Online-Spendenplattform betterplace.org tätig. Hier steuert sie die Social-Media-Aktivitäten und Marketingkampagnen. Zuvor hat sie ein Fachschulstudium in Gestaltung sowie ein Fernstudium zur Social-Media-Managerin absolviert. → *natalie.stark@betterplace.org*

**Dr. Angela Ullrich** ist promovierte Volkswirtin und interessiert sich vor allem für Fragen zur Ökonomie des Nonprofit-Sektors. Derzeit arbeite sie freiberuflich als Hochschuldozentin und Analystin. Sie veröffentlicht fürs betterplace lab regelmäßig Analysen zum deutschen Spendenmarkt und unterstützt fachlich das NGO-Meter, eine Online-Fundraising Benchmark. → *angela.ullrich@betterplace.org*

**Paul von Ribbeck** ist Mitglied des Peng!-Kollektivs und kaperte u. a. im April 2015 die PR-Abteilung des Stromkonzerns Vattenfall, um in ihrem Namen den Umstieg auf 100%ige erneuerbare Energie zu verkünden. → *www.pen.gg*

**Thomas Wegner** ist Berliner, gelernter Veranstaltungstechniker und hat einen Bachelor in Wirtschaftswissenschaften. Bei betterplace.org arbeitet er derzeit im Bereich Finanzen. Darüber hinaus beschäftigt er sich intensiv mit Fotografie. → *thomas.wegner@betterplace.org*

**Kathleen Ziemann** arbeitet als Trendforscherin im betterplace lab, einem Think-and-do-Tank für digital-soziale Innovationen. Sie ist Kulturwissenschaftlerin und hat an der Europa Universität Viadrina zur Social-Media-Kommunikation geforscht. → *kathleen.ziemann@betterplace.org*

# Endnoten

### 1.1 Spenderpyramide und Loyalitätszyklus

1 Vgl. Scheibe-Jaeger, A., Finanzierungshandbuch, 1998, S. 117.

2 Direske, C., Spenderpyramide. www.fundraising-wiki.de/s/Artikel:Spenderpyramide.

3 Urselmann, M., Fundraising, 2014, S. 17.

4 Burgess, T.: Building Donor Loyalty: The Key to Successfull Fundraising Programs, 2004. events.convio.com/site/News2?page=NewsArticle&id=2601084.

### 1.2 Der Spendenmarkt in Deutschland: Wer spendet wann, wo und wie viel?

1 Diese Daten stammen aus einer von der Körber-Stiftung veröffentlichten Sonderauswertung der „Zivilgesellschaft in Zahlen"-Studie (ZiviZ). www.koerber-stiftung.de/fileadmin/user_upload/gesellschaft/medien-downloads/finanzierung_zivilgesellschaft_ziviz.pdf.

2 Vgl. Statistisches Bundesamt: www.destatis.de/DE/Publikationen/Thematisch/FinanzenSteuern/Steuern/LohnEinkommensteuer/Einkommensteuerstatistik.html.

3 Wobei dieser Posten jedoch angesichts der zunehmenden Veranlagung von Pensionären nach dem Alterseinkünftegesetz immer geringer wird.

4 betterplace lab: NGO Meter. www.betterplace-lab.org/projekte/ngo-meter.

5 Bitkom: Online Spenden bequeme Alternative zur Überweisung. www.bitkom.org/de/presse/81149_81019.aspx

6 GfK / Deutscher Spendenrat: www.spendenrat.de.

7 Vgl. DIW: Wer spendet was – und wieviel?, 2011. www.spendenrat.de/index.php?id=116,0,0,1,0,0

8 Mehr Informationen zum DZI-Spenden-Index auf der Seite des DZI: www.dzi.de.

9 Blackbaud: The Psychology of Online Giving Report: www.blackbaud.co.uk/psychologyofonlinegiving

10 Altruja-Umfrage zum Online-Fundraising: www.altruja.de/online-fundraising-studie.html

### 1.3 Die verschiedenen Formen des Online-Fundraising

1 Altruja Online-Fundraising-Studie 2015: www.altruja.de/ergebnisse-der-online-fundraising-studie-2015.html

2 PAYBACK: PAYBACK Kunden spenden Punkte im Wert von über 1 Mio. Euro: www.payback.net/presse/pressemeldungen/pressemeldung-detail/article/payback-kunden-spenden-punkte-im-wert-von-ueber-1-mio-euro/

3 vgl. Sixt, Efriede: Steuern und Crowdfunding: www.ebit4u.com/wp-content/uploads/2014/07/Steuern-und-Crowdfunding.pdf

### 1.7 SEO und SEA: Über das Suchen und Finden im Internet

1 Weil Google Search in Deutschland einen Marktanteil von fast 95 % hat (2015), beziehen sich die Infos und Tipps zu SEM hier nur auf Google.

2 Konvertieren ist abgeleitet von engl. Conversion und bezeichnet im Online-Marketing ein definiertes Ziel, bei dem der Besucher einer Webseite sich zu einer konkreten Handlung leiten lässt (z.B. eine Online-Spende tätigt).

3 Dieses Such- bzw. Blickverhalten belegen viele empirische Studien, vgl. z.B. searchengineland.com/the-critical-first-second-the-area-of-greatest-promise-10856

4 Mehr Infos dazu findest du z.B. hier: www.seo-trainee.de/301-302-canonicals-umleitung-und-weiterleitung-wie-es-richtig-geht/.

### 3.1 Follower zu Freunden machen

1 z.B. www.social-media-knigge.de oder allfacebook.de oder www.futurebiz.de

2 www.betterplace-lab.org/de/blog/spenden-und-alter-usa

3 tweetreach.com

4 followerwonk.com

5 addons.mozilla.org/de/firefox/addon/facebook-for-community-mana

6 www.facebook.com/groups/387655414688670/

7 www.facebook.com/groups/kindernothilfe/

8 alexandercoppock.com/research/twitter-mobilization/

9 www.bvdw.org/medien/bvdw-whitepaper-gibt-handlungsempfehlungen-fuer-rechtssicheres-e-mail-marketing?media=6728

10 pool.vivaconagua.org

11 fundraising-echo.saz.com/newsletter/fundraising-echo-2015-1.1

12 z.B. die Kiezhelden des FC St. Pauli, www.kiezhelden.com

13 z.B. der BDKJ, www.facebook.com/bdkj.bund

### 6.1 Beziehungspflege: Mit gutem Spendermanagement Dauerspender finden und binden

1 Betterplace lab: NGOs im Netz. www.betterplace-lab.org/projekte/digitalisierungsstudie

2 Prahm, Medje & Ullrich, Angela: Online Fundraising auf dem Vormarsch. Fundraiser Magazin 1/2014, S. 26-27. www.fundraiser-magazin.de/files/archiv/pdf/fundraiser_39_2014-01.pdf

3 Urselmann, Michael: Fundraising. Professionelle Mittelbeschaffung für steuerbegünstigte Organisationen. 6. Aufl. Wiesbaden: Springer Verlag 2014, S.53.

4 Urselmann, Michael: Fundraising. Professionelle Mittelbeschaffung für steuerbegünstigte Organisationen. 6. Aufl., Wiesbaden: Springer Verlag 2014, S.53.

5 Stiftung Zewo: Patenschaften im Ausland. www.zewo.ch/fur-spendende/spendentipps/patenschaft

6 Fischer, Kai. Sechs Zielgruppen im Fundraising. www.mission-based.de/news/items/sechs-zielgruppen-im-fundraising.html

7 Hönig, Hans-Josef & Schulz, Lothar: Spenderbetreuung. Gründe für eine planvolle Gestaltung der Spenderbeziehung. In Fundraising Akademie (Hrsg.). Fundraising. Handbuch für Grundlagen, Strategien und Methoden, 3. aktualisierte Aufl., Wiesbaden: Gabler 2006, S. 286.

8 Urselmann, Michael: Fundraising. Professionelle Mittelbeschaffung für steuerbegünstigte Organisationen. 6. Aufl., Wiesbaden: Springer Verlag 2014, S. 55 ff.

9 Urselmann, Michael: Fundraising. Professionelle Mittelbeschaffung für steuerbegünstigte Organisationen. 6. Aufl., Wiesbaden: Springer Verlag 2014, S. 69-70.

### 7.3 Interview: Extrem spannend finde ich Datensegmente

1 Remarketing ist die gezielte Ansprache von Website-Besuchern auf Basis ihrer Interessen, das heißt ihrer vorherigen Website-Besuche.

### 7 4 Aus Daten lernen: Wie Wikimedia seine Spendeneinnahmen Jahr für Jahr steigert

1 Wikimedia: Wikipedia: Fundraiser 2014/ Fundraising Report. de.wikipedia.org/wiki/Wikipedia:Fundraiser_2014/Fundraising_Report

### 8.2 Wenn Unternehmen online Gutes tun

1 Flash Eurobarometer 363: "Wie Unternehmen unsere Gesellschaft beeinflussen: Die Sicht der Bürger". Europäische Kommission, 2013. ec.europa.eu/public_opinion/flash/fl_363_en.pdf

2 Der Preis wird von der italienischen Agenturgruppe Lundquist verliehen.

3 6th CSR Online Awards. Beyond reporting to create distinctiveness in CSR communications. Lundquits Whitepaper, 2014.

4 sapintegratedreport.com/2014/de/unternehmensleistung/gesellschaftliche-leistung/mitarbeiter-und-gesellschaftliches-engagement.html

5 www.altruja.de/online-fundraising-studie.html

6 Alle Formate sind unter www.betterplace-solutions.de beschrieben.

# Index

# Bildnachweise

| Seite | Urheber | Quelle |
|---|---|---|
| 20 | FundraisingBox | www.fundraisingbox.com/beispiel-formular/ |
| 21 | betterplace.org | www.betterplace.org/de/portals/asien/projects/list |
| 22 | Oxfam | unverpackt.oxfam.de/alle-geschenke/ziege |
| 32 | Privat | |
| 62 | Sum of Us | sumofus.org |
| 63 | Save the Children | www.savethechildren.de/fileadmin/Newsletter/ Newsletter_Juli_2015_Fluechtlingskrise_in_ Europa_Save_the_Children.htm |
| 69 | DKMS | www.dkms.de/sites/dkms.de/files/ genericdownloads/pm_start_neue_ kampagne_20150706.pdf |
| 79 | Facebook, betterplace lab | www.facebook.com/betterplacelab |
| 81 | Facebook, betterplace.org | www.facebook.com/betterplace.org |
| 90 | Facebook, Tante Inge | www.facebook.com/TanteIngeInitiative |
| 92 | Facebook, NABU | www.facebook.com/WillkommenWolf |
| 95 | Facebook, betterplace.org | www.facebook.com/betterplace.org |
| 98 | Privat | |
| 100 | Twitter, Seawatch | twitter.com/seawatchcrew?lang=en |
| 104 | Youtube, Sozialhelden e.V. | www.youtube.com/user/sozialhelden |
| 105 | Youtube, Masifunde | www.youtube.com/user/Masifunde |
| 112 | Save the Children | www.facebook.com/savethechildrenDE |
| 117 | Viva con Agua | www.vivaconagua.org/foerdermitgliedschaft |
| 123 | Jakob Skatulla | |
| 128 | charity:water | www.charitywater.org/birthdays/profiles |
| 131 | Youtube, Greenpeace | www.youtube.com/watch?v=dFcePzHcPQg |
| 131 | charity:water | www.youtube.com/watch?v=eCSvXMTe1oY |
| 144 | betterplace.org | www.betterplace.org/de/collect-donations/ birthday-fundraising-events |
| 146 | Privat | |
| 158 | Lohnes | |
| 160 | Wikipedia | www.wikipedia.de |
| 166 | Movember Foundation | de.movember.com |
| 168 | ShelterBox | www.shelterbox.de/about.php?page=9 |
| 168 | Roman Cislik | |
| 170 | Vodafone und betterplace | hashtagspenden.de |